W0236008

Hans Kruppa

Ein Glück, daß es dich gibt!

Gedichte, Geschichten & Gedanken

COPPENRATH

Inhalt

Zauber
der
Freundschaft

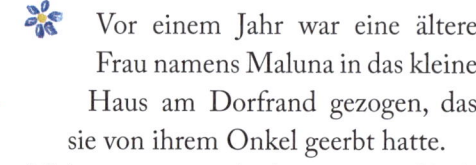

Vor einem Jahr war eine ältere Frau namens Maluna in das kleine Haus am Dorfrand gezogen, das sie von ihrem Onkel geerbt hatte.

Maluna erwies sich als eine zurückhaltende Frau, die allen Dorfbewohnern zwar mit Respekt und Freundlichkeit begegnete, aber mit niemandem nähere Bekanntschaft schließen wollte. Sie bewahrte immer eine gewisse Distanz, was ihr bald den Ruf einer Außenseiterin eintrug.

Vielleicht, munkelte man, hatte jemand in ihrem früheren Leben sie so sehr verletzt, daß sie menschenscheu geworden war. Vielleicht seien ihr die einfachen Leute im Dorf nicht gut genug, hieß es auch, immerhin habe sie in ihrem Berufsleben als Lehrerin an einer höheren Schule in einer großen Stadt unterrichtet.

Kein Dorfbewohner wagte mehr, ihr einen Besuch abzustatten, nachdem sie einigen unangemeldeten Gästen auf höfliche, aber unmißverständliche Weise gezeigt hatte, daß ihr nichts an ihrer Gesellschaft lag.

Seit Malunas Erscheinen im Dorf war der Schuljunge Palo ihr schon einige Male begegnet, beim Lebensmittelhändler, im Papiergeschäft oder auf der Straße, und jedes Mal, wenn ihre Blicke sich trafen, hatte sie ihn so angelächelt, daß ihm warm ums Herz wurde.

Einmal sagte er beim Abendessen mit seiner Familie, daß sie eine nette Frau sei. Sein Vater lachte seltsam und erwiderte: „Nett findest du sie? Die meisten halten sie für ungesellig und sonderlich. Komm bloß nicht auf die Idee, sie anzusprechen! Sie will nichts von uns Dorfleuten wissen, also wollen wir nichts von ihr wissen."

In diesem Moment entschloß Palo sich, Maluna zu besuchen.

Eine Woche hatte er gebraucht, um genug Mut zu sammeln. Nun stand er vor ihrer Haustür, sah noch einmal nach rechts und links, um sicherzugehen, daß ihn niemand gesehen hatte, und betätigte den Türklopfer.

Wahrscheinlich würde sie ihn mit höflichen Worten wegschicken wie alle anderen vor ihm, aber Palo wollte es auf einen Versuch ankommen lassen, denn etwas an Maluna zog ihn an. Er hätte nicht sagen können, was es war, er spürte nur, daß sie anders war als die anderen – und daß dies etwas war, das er mit ihr gemeinsam hatte. Nur versteckte er seine Andersartigkeit und tat so, als sei er wie alle, während sie keinen Hehl daraus machte.

Die Haustür wurde geöffnet, Maluna stand lächelnd vor ihm und sagte: „Da bist du ja, Palo! Du hast dir viel Zeit gelassen. Aber jetzt bist du endlich gekommen, und darüber freue ich mich sehr. Laß uns in den Garten gehen!"

Palo hatte mit allem, nur nicht mit dieser herzlichen Begrüßung gerechnet. Maluna kannte sogar seinen Namen! Offensichtlich hatte sie jemanden danach gefragt, und das war wiederum ein Zeichen dafür, daß sie sich für ihn interessierte – ausgerechnet sie, die sich für niemanden im Dorf zu interessieren schien.

Sprachlos folgte er ihr durch das Haus in den Garten, wo so viele Blumen aller Arten blühten, daß Palo sich nicht an ihnen satt sehen konnte.

„Sie lieben Blumen", sagte er schließlich.

„Ich liebe alles, was schön ist. Setz dich und laß uns reden! Deswegen hast du doch an meine Tür geklopft."

Ja, deswegen war er gekommen – aus dem Gefühl heraus, daß er von Maluna Antworten auf die Fragen bekommen würde, die alle anderen nur mit einem Achselzucken oder befremdeten Blicken bedacht hatten, bis er seine Fragen für sich behielt. Aber sie ließen ihm keine Ruhe, lagen ihm auf der Seele und wollten gestellt werden, und schließlich hatten sie ihn zu Malunas Haus getrieben.

„Woher wissen Sie, daß ich mit Ihnen reden will?" fragte Palo.

Maluna lächelte. „Ich habe ungestellte Fragen in deinen Augen gesehen, immer wenn wir uns im Dorf begegnet sind, und wußte, daß du früher oder später mit ihnen zu mir kommen würdest. Du kommst eher später. Wahrscheinlich haben deine Eltern dich vor mir gewarnt."

Palo nickte. „Mein Vater hält Sie für sonderlich und ungesellig."

Maluna zuckte mit den Achseln. „So sind die Menschen. Ist einer nicht so wie alle anderen, werden sie unsicher. Ihre Unsicherheit macht sie unduldsam, und schon ist jemand, der seinen eigenen Weg geht oder einfach nur seine Ruhe haben will, für sie ein Sonderling, ein Eigenbrötler, dem nicht zu trauen ist. Wenn sie ihm diesen Stempel aufgedrückt haben, fühlen sie sich wieder besser."

„Aber Sie sind doch eine Einzelgängerin."

„Ja, aber nicht aus Überzeugung, sondern aus Mangel an Gelegenheit. Es ist ein ebenso großes wie seltenes Glück, einen Menschen zu finden, mit dem man eine wahre Freundschaft entfalten und pflegen kann. Wenn die Seelen sich nicht vertrauensvoll einander öffnen, bleibt jede Beziehung oberflächlich, und ich bin lieber allein, als meine Zeit mit seichten Gesprächen zu vergeuden."

„Ich habe auch keinen wahren Freund", gestand Palo ihr, „weder hier im Dorf, noch an der Schule in der Stadt. Ich wünsche mir oft einen Menschen, dem ich sagen kann, was ich allen verschweige, weil sie es ohnehin nicht beachten oder verstehen würden – und weil ich Angst davor habe, daß sie mich als Spinner abstempeln."

„Wie alt bist du?"

„Fast siebzehn."

„Palo, in deinem Alter geht die Erkenntnis der eigenen Andersartigkeit immer mit der berechtigten Furcht Hand in Hand, von den anderen abgelehnt und verspottet zu werden, und so versteckt man sein wahres Gesicht hinter einer Maske, um sich zu schützen. Du wirst erleben, daß die Angst, dich so zu zeigen, wie du bist, mit den Jahren immer mehr nachläßt, während der Mut, der dich heute schon zu mir geführt hat, wachsen und dich zu anderen Menschen leiten wird, denen du dich furchtlos öffnen kannst."

„Wie können Sie das so sicher sagen?"

Maluna zuckte mit den Schultern. „Ich weiß nicht, wie – ich weiß nur, daß ich es kann. Ich schaue in deine Augen und sehe es."

„Seltsam", sagte Palo, „ich schaue in Ihre Augen und glaube Ihnen."

Maluna streckte ihm die Hand entgegen: „Dann laß uns Freunde sein – und sieze mich nicht mehr."

Palo ergriff und drückte ohne Zögern ihre Hand, obwohl er sich nicht hätte träumen lassen, daß der erste Freund, den er in seinem Leben fand, fast schon so alt war wie seine Großmutter. Nun aber, da es geschehen war, kam es ihm überhaupt nicht seltsam, sondern ganz natürlich vor.

„Ich sehe dir an, daß dich etwas bedrückt, Palo. Ist es vielleicht das Gefühl, wach zu sein, während alle um dich herum schlafen?"

Palo nickte überrascht. „Ja, ich habe oft das Gefühl, manches zu sehen, was die anderen nicht erkennen. Und wenn man es ihnen sagt, wünscht man sich hinterher, daß man den Mund gehalten hätte, weil die befremdeten Blicke weh tun. Und schließlich schweigt man."

„Bis man das Schweigen nicht mehr ertragen kann und einen Menschen findet, bei dem man es endlich brechen kann", sagte Maluna.

Palo nickte. „Ich fühle mich zu Hause in meiner eigenen Welt, aber einsam in der Welt der anderen. Ich bin ein guter Schüler, aber der Unterricht langweilt mich, auch wenn ich es nicht zeige. Die Lehrer vermitteln mir trockenes Wissen, aber ich sehne mich nach lebendiger Einsicht. Meine Eltern führen ein Leben, das nur eine Aneinanderreihung von Notwendigkeiten und Gewohnheiten ist. Ich achte sie, aber frage mich manchmal, ob ich sie noch liebe. Meine Klassenkameraden vergeuden ihre Zeit mit oberflächlichen Spielen und Vergnügungen. Meine einzigen wahren Freunde sind meine Bücher."

„Sehe ich aus wie ein Buch, Palo?"

„Entschuldige, Maluna, meine einzigen Freunde waren meine Bücher – bis eben."

„Bücher können wunderbar reden, Palo, aber leider nicht zuhören."

Eine Hummel flog laut brummend vorbei und setzte sich auf eine der zahllosen Blumen.

„Die Seelen der Menschen unterscheiden sich so sehr voneinander wie die Körper der Tiere", sagte Maluna. „Manche sind wie Hummeln, andere wie Maulwürfe – manche sind wie Vögel, andere wie Raubkatzen. Ich erkenne es immer in ihren Augen."

„Welches Tier siehst du in meinen, Maluna?"

„Ich habe es gleich bei unserer ersten Begegnung im Dorf entdeckt: Du hast die Seele eines Schmetterlings. Du bist geboren worden, um Schönheit, Freiheit, Leichtigkeit, Poesie in die Welt zu bringen. Du bist ein farbenfroher Gaukler der Lüfte, der damit begonnen hat, sich zu entpuppen. Deine Bestimmung ist es, ein Künstler zu werden, um mit deinen Werken den Menschen Farben und Lichter zu schenken in dieser oft so grauen, düsteren Welt."

Palo sah seine Freundin ungläubig an, und einen Moment lang war sie ihm fast unheimlich. Wie konnte sie so gut in ihn hineinsehen und erkennen, was er vor aller Welt versteckt hielt? Wie konnte sie wissen, daß es sein größter und geheimster Traum war, einmal ein Schriftsteller zu werden?

„Und", fragte Maluna ihren jungen Freund, „welches Tier entdeckst du in meinen Augen?"

Palos Blick legte sich auf ihr faltiges, aber in gewisser Weise jung gebliebenes Gesicht und erforschte ihre blauen Augen. So junge Augen in einem alten Gesicht, dachte er – und plötzlich erkannte er die Gestalt ihrer Seele.

„Ich sehe einen Vogel – eine Nachtigall."

Maluna lächelte überrascht. „Ich bin beeindruckt! Die größte Leidenschaft meines Lebens war schon immer der Gesang. Ich singe so gern wie eine Nachtigall, aber leider nicht so schön. Sonst wäre ich sicherlich Sängerin geworden, nicht Musiklehrerin."

„Ich schreibe heimlich", gestand Palo ihr. „Kleine Geschichten, die ich noch keiner Menschenseele vorgelesen habe. Und manchmal träume ich davon, ein Dichter zu werden. Aber ein Dichter darf man nur sein, nicht werden."

Maluna winkte ab. „Wer immer das auch gesagt hat – es ist Unsinn! Wie soll man ein Dichter sein, wenn man es nicht vorher werden wollte? Glaubst du, es geschieht von selbst? Du wachst eines schönen Morgens auf und bist ein berühmter Dichter? Nein, so gelingt es nicht. Du mußt es schon wollen, unbedingt wollen, und wenn deine Berufung echt ist, wird sich dein Traum verwirklichen, aber nicht von heute auf morgen, sondern als Ergebnis jahrelanger, unbewußter Vorbereitungen und Anstrengungen, mit denen du schon begonnen hast."

„Ich weiß nicht, warum, aber ich habe meine kleinen Geschichten mitgebracht. Sie sind in meiner Umhängetasche."

Maluna schmunzelte. „Das habe ich mir fast gedacht."

„Kannst du in die Zukunft sehen?"

„Ich kann sie manchmal vorausfühlen."

Palo wunderte sich über sich selbst, als er sich bückte und seinen größten Schatz aus der Tasche zog – die immer sorgfältig versteckte Kladde, in die er seine Erlebnisse, Einsichten und Phantasien, in kleine Erzählungen gekleidet, zu Papier gebracht hatte.

„Magst du mir eine deiner Geschichten vorlesen?" hörte er Maluna fragen.

Ohne Zögern schlug er das Schreibheft auf und las Maluna nach kurzem Blättern eine kleine Erzählung über die Hoffnung und den Zweifel vor.

Nachdem Palo seine kleine Lesung beendet hatte, schwieg Maluna lange, bevor sie sagte: „Das ist eine schöne und kluge Geschichte, die mir zeigt, daß du mit deinen siebzehn Jahren schon mehr über das Wesen des Menschen weißt, als andere jemals wissen werden. Und sie beweist mir, daß du über das nötige Talent verfügst, um deine Berufung zu verwirklichen. Ich zweifle nicht daran, daß du eines Tages ein berühmter Dichter sein wirst."

„Ich träume oft davon, aber ich kann nicht daran glauben, daß sich mein Traum erfüllen wird. Alle sagen, das Schreiben sei eine brotlose Kunst. Ich habe gelesen, daß nur sehr wenige Schriftsteller von ihren Büchern leben können."

„Du wirst einer dieser wenigen sein", sagte Maluna.

Palo schüttelte unwillkürlich den Kopf. „Ich fürchte, daß ich als Lehrer enden werde, der mit seinen Schülern über Bücher spricht, anstatt sie zu schreiben. Dir ist es doch auch nicht gelungen, Sängerin zu werden."

„Ich habe es auch gar nicht versucht, weil mir bewußt war, daß meine Begabung nicht ausreichte. Aber wenn man einen Traum hat und dazu über das erforderliche Talent verfügt, muß man ihn verwirklichen – sonst wird man unglücklich und krank."

Maluna seufzte.

„In der Stadt, aus der ich komme, lebte ein Mann in meiner Nachbarschaft, der wunderschöne Bilder malte und davon träumte, als Maler zu leben. Aber er hatte Angst davor, nicht genug Geld mit seinen Bildern zu verdienen, und so ergriff er einen Beruf, der seine Taschen füllte, aber seine Seele leerte. Mit den Jahren wurde er immer trübsinniger und bekam schließlich eine unheilbare Krankheit, an der er leidvoll starb ... Die Angst davor, unseren Träumen zu folgen, ist eine unserer gefährlichsten Feindinnen. Sie kann uns alles Leben aus der Seele und dem Körper saugen. Hüte dich vor ihr, Palo. Hab Angst vor dieser Angst!"

Palo sah Maluna lange in die Augen und fühlte immer deutlicher, daß sie die Wahrheit sagte. Sie war der erste Mensch, dem er seine tiefste Sehnsucht offenbart hatte, und der sie nicht nur verstand, sondern sogar noch unterstützte. Er fand keine Worte, seine Gefühle auszudrücken; daß Maluna seinen Mut, sich ihr zu öffnen, auf so wunderbare Weise belohnte, überwältigte ihn, machte ihn sprachlos.

„Die Menschen sind alle so schrecklich vernünftig", sagte Maluna. „Sie betrachten das Leben mit den Augen des Verstandes, anstatt mit denen des Herzens."

„Mein Vater hat öfter zu mir gesagt, ich sei unvernünftig."

„Das sagen alle Menschen, die ihre Träume im Stich gelassen haben, zu denen, die ihnen treu bleiben wollen. Da sie selbst keine Sehnsüchte mehr haben, wollen sie den anderen ihre nehmen. So sind die meisten Leute, sie wollen die anderen so haben, wie sie selbst sind. Deshalb gib gut auf deine Träume acht, sonst fliegen sie davon – und mit ihnen deine Flügel, Schmetterling. Steh zu dem tiefen Wunsch, Palo, den ich in deinen Augen sehe. Du willst durch dein Leben nicht gehen – du willst fliegen. Ich weiß, daß du es kannst!"

Palo fühlte, wie gut ihm Malunas Worte taten, wie sie ihm Kraft und Zuversicht einflößten. Sie glaubte an ihn – an das Beste in ihm, sein wahres Wesen, das er bislang vor allen Menschen verborgen hatte. Aber jetzt war er nicht mehr allein mit seinen Hoffnungen und Zweifeln, und ein warmes Gefühl der Erleichterung und Dankbarkeit erfüllte sein Herz.

„Weißt du, Palo, die meisten Menschen sind feige. Sie lassen sich von ihren Ängsten durchs Leben führen, anstatt von ihren Träumen ... Doch unsere Sehnsüchte und Hoffnungen wollen ernst und wichtig genommen werden. Wer sie verdrängt, unterdrückt das Beste in sich und wird ein hohler Mensch. Wer seinen Träumen folgt, braucht Mut. Ich spüre, daß du ihn hast, er strahlt aus deiner Seele."

„Sag Maluna, hast du auch einen Traum?"

Sie lächelte. „Oh ja. Ich hatte schon immer mehr Träume, als die Welt zerstören konnte. Als ich vor einem Jahr die Stadt verließ, in der mich alles an meinen verstorbenen Liebsten erinnerte, bin ich mit einem Traum in dieses Dorf gezogen, der heute in Erfüllung gegangen ist: Ich habe einen Freund gefunden."

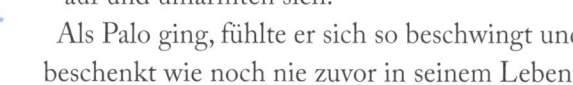

Ohne daß er sich dagegen wehren konnte und ohne daß er sich dafür schämte, kamen Palo die Tränen.

Er und Maluna standen im selben Augenblick auf und umarmten sich.

Als Palo ging, fühlte er sich so beschwingt und beschenkt wie noch nie zuvor in seinem Leben.

Von diesem Tag an besuchte er Maluna, wann immer er Zeit dazu fand. Meistens saß er mit ihr im Blumengarten und sprach offen und vertrauensvoll über alles, was er bislang niemandem anzuvertrauen gewagt hatte. Er offenbarte Maluna seine geheimsten Gedanken und tiefsten Gefühle, er öffnete ihr seine Seele und zeigte sich so, wie er wirklich war – und Maluna gefiel alles, was sie sah. Sie gab ihm Mut und Vertrauen ins Leben, wenn Zweifel ihn bedrängten. Sie stärkte seinen Glauben an sich selbst, an seine Fähigkeiten und seine Zukunft, wenn Ängste ihn bedrückten.

„Du hast begonnen, der Stimme deiner Seele zu folgen", sagte sie ihm ein halbes Jahr nach seinem ersten Besuch, als Palo ihr seine neueste und wohl auch beste Erzählung vorgelesen hatte. „Viele Menschen werden deine Bücher lesen, in denen deine schöne Seele zu ihnen spricht, und sich berührt und reich beschenkt fühlen. Ich bin stolz, deine Freundin zu sein."

„Ich bin stolz, dein Freund zu sein", erwiderte Palo, „und ich fürchte mich davor, dich verlassen zu müssen, wenn mein Studium im Herbst beginnt. Ich werde dich sehr vermissen."

„Du brauchst keine Angst zu haben, Palo. Aus den Augen heißt bei uns beiden nicht aus dem Sinn. Du wirst immer in meinem Herzen sein, auch wenn du Tagesreisen von mir entfernt bist."

„Du auch", sagte Palo.

„Schau nicht so traurig! Du mußt in die Welt hinaus, du bist aus diesem kleinen Dorf herausgewachsen. Du brauchst Erfahrungen, Eindrücke, Inspiration. Das Studentenleben wird dir all dies bieten. Wir werden uns Briefe schreiben, ich freue mich schon darauf. Und jetzt laß uns nicht mehr von Abschied reden, noch bist du hier. Laß uns den Augenblick genießen!"

Nach seinem Schulabschluß zog Palo in eine weit entfernte Universitätsstadt und studierte Literatur und Philosophie, aber vor allem das Leben und die Liebe. Der Abschied von seiner Familie und seinem Heimatdorf war ihm nicht schwergefallen, doch die Trennung von Maluna hinterließ eine Traurigkeit in ihm, die noch monatelang einen Schatten auf sein Gemüt warf.

Jede Woche schrieb er ihr einen Brief, jede Woche erhielt er eine Antwort von ihr. Allein der Gedanke, daß Maluna lebte, gab ihm Kraft und Zuversicht.

Schon während seiner Studienzeit erschien sein erstes Buch mit gefühlvollen, feinsinnigen Erzählungen, das ein bekannter Kritiker als vielversprechend bezeichnete.

Nach der Beendigung seines Studiums widmete sich Palo mit ganzer Kraft dem Schreiben und ließ sich dabei so sehr in den Bann der Schaffensfreude ziehen, daß er vergaß, ob es Tag oder Nacht war. Er lebte so sparsam wie möglich von dem Vorschuß, den ein Verleger, der an ihn glaubte, ihm gezahlt hatte.

Mehr und mehr fühlte er sich im Reich der Wörter heimisch, immer besser gelang ihm der Sprung vom ungeformten Gedanken zum vollkommenen Ausdruck, immer tiefer senkte sich sein Blick in die Natur des Lebens, das ein Füllhorn von Geschichten bereithielt, die nur darauf warteten, aus der Seele des Dichters in die Sprache zu fließen – und von dort in die Seele des Lesers, um sie zu beschenken, zu inspirieren, vielleicht auch zu erwecken aus dem Schlaf der Alltäglichkeit.

Palo aß und trank nicht, wenn er schrieb, er vergaß die Welt um sich herum, während er mit der Aneinanderreihung von Buchstaben Welten aus sich heraus schuf.

Malunas Worte, daß er zum Schreiben berufen sei, kamen ihm immer wieder in den Sinn. Ohne ihre Hilfe hätte er vielleicht nie gelernt, an sich zu glauben.

Ein Schriftsteller, der seine Leser verzaubern wollte, mußte von Zuversicht erfüllt, von Leidenschaft getragen und von der Sehnsucht inspiriert sein, das Unsagbare fühlbar zu machen. Ihm mußte das, was zwischen seinen Zeilen stand, mehr bedeuten als das, was in ihnen stand – denn wichtiger als alles, was Worte sagten, war das, was sie unsichtbar mit sich führten, was sie den Augen verbargen, aber der Seele offenbarten. Er mußte fühlen, was er schrieb – und schreiben, was er fühlte.

Manchmal war es Palo beim Schreiben so, als stände er kurz davor, einen Vorhang zurückzuziehen, hinter dem ihn ein

Anblick erwartete, der das Leben in seiner ganzen Rätselhaftigkeit mit einem Schlag erhellen würde – und vielleicht war diese Sehnsucht nach vollkommener Einsicht die stärkste Triebfeder seines selbstvergessenen Schaffens.

Sein erster Roman, den er im Alter von sechsundzwanzig Jahren veröffentlichte, wurde ein außergewöhnlicher Erfolg und machte Palo über Nacht zu einem gefeierten Schriftsteller, dem von allen Seiten eine große Zukunft vorausgesagt wurde.

In den Jahren seines leidenschaftlichen Lebens und Schaffens waren Palos Erinnerungen an seine innerlich einsame Jugend verblaßt – bis auf die Gespräche mit Maluna. Sie allein behielten ihre Klarheit und Farben.

Die beiden Freunde schrieben sich nach wie vor regelmäßig lange Briefe. Vor zwei Jahren hatte er Maluna zum letzten Mal besucht. Schon mehrmals hatte er sich seitdem vorgenommen, sie wiederzusehen, aber immer hielt ihn etwas davon ab, denn seine Schreibleidenschaft und sein Ruhm hatten ihn zu einem vielbeschäftigten Mann gemacht.

In den letzten drei Wochen hatte er keinen Brief von Maluna erhalten, die ihm sonst jede Woche einmal geschrieben hatte, was ihn von Tag zu Tag mehr beunruhigte.

Vielleicht folgte er deshalb endlich seinem langgehegten Herzenswunsch, Maluna wieder in die Arme zu schließen und mit ihr wie damals im Garten zu sitzen, mit ihr zu reden, ihre Nähe zu spüren und ihr für alles zu danken, was sie ihm geschenkt hatte.

Als er mit den letzten Vorbereitungen für die lange Reise in sein Heimatdorf beschäftigt war, klopfte ein Bote an seiner Tür und brachte ihm Post von einem Notar.

In dem Umschlag fand er einen Brief, auf dem sein Name stand – geschrieben von der Hand, die ihn in der Wüste seiner Jugend zu einer Oase geführt hatte.

Er öffnete das Kuvert mit zitternden Händen und las:

„Mein lieber Schmetterling – wie sehr ich mich freue, daß Du so schön und so hoch fliegst!

Wenn Du diese Zeilen liest, hat Deine Nachtigall ihr letztes Lied auf dieser Welt gesungen. Die Freundschaft mit Dir war die Sonne meiner letzten Jahre, und ich danke Dir von ganzem Herzen für alles, was Du mir mit Deiner bloßen Gegenwart immer aufs neue geschenkt hast.

Ich weiß schon seit geraumer Zeit, daß meine Tage gezählt sind, die Ärzte haben keinen Zweifel daran gelassen. Verzeih mir bitte, daß ich es nicht übers Herz gebracht habe, Dir von meiner Krankheit zu schreiben. Ich wollte, daß Du mich so in Erinnerung behältst, wie Du mich bei Deinem letzten Besuch erlebt hast.

Ich vererbe Dir mein kleines Haus. So hast Du immer eine schöne Zuflucht, wenn Du Ruhe und Abgeschiedenheit suchst.

Mein lieber Palo – wenn Du dies liest, habe ich mich auf die Reise ins Unbekannte begeben. Meine Seele wird immer Deine Freundin sein.

In Liebe – Deine Maluna."

Gedichte
und
Gedanken

Seltenheitswert I

Du hast einen
wertvollen Menschen gefunden,
wenn das Zusammensein mit ihm
dich inspiriert, dir Kraft gibt,
gute Gefühle und Freude.

Du wirst einen solchen Menschen
so bald nicht wieder finden,
darum sei so gut zu ihm
wie du nur kannst.

Entfaltungsbedingung

Alles Kostbare,
das ein Mensch dir gibt,
kann sich nur dann ganz entfalten,
wenn du seinen
besonderen Wert erkennst
und Gutes mit Gutem erwiderst.

Oder noch besser: mit Besserem.

Freundschaft I

Eine gelungene Freundschaft
kann drei mißlungene vergessen lassen –

wie ein Sonnentag
die Erinnerung
an drei Regentage
auslöschen kann.

Du hilfst mir

Du hilfst mir,
mich nicht selbst zu verlieren
in einer Wirklichkeit,
die es den meisten Menschen
so gut wie unmöglich macht,
bei und in sich zu bleiben.

Du hilfst mir,
das zurückzugewinnen,
was ich verloren glaubte,
erweckst es wieder in mir –
durch das bewahrte,
wahre Leben in dir.

Ein anderes Licht

Du rückst alles
in ein anderes Licht,
in dem ich
den wahren Wert
der Menschen und Dinge
in meinem Leben erkenne –
ein besonderes Licht,
in dem ich
den Menschen
durch die Masken
und den Dingen
auf den Grund blicke.

Und sonnenklar
nehme ich das Wahre wahr.

Seltenheitswert II

Gute Freunde sind selten –
wie alles Gute in dieser Welt.
Wer von sich behauptet,
Dutzende von Freunden zu haben,
weiß nicht, was Freundschaft ist:

eine kostbare, unersetzliche Verbindung
zweier verwandter Seelen,
die ein Leben lang hält –
ein großer Glücksfall,
den es nicht dutzendweise gibt.

Dankbarkeit

Wenn dir
jemand viel gibt,
sei nicht so undankbar,
mehr von ihm zu verlangen.

Danke dem Menschen,
der dir Gutes schenkt,
lieber dreimal zu viel
als einmal zu wenig.

Wie ein Feuer

Gegensätze
ziehen sich an.

Doch nur zwei,
die aus einem
Holz geschnitzt sind,
können wie ein
Feuer brennen.

Wie es geschehen will

Lassen wir
alles so geschehen,
wie es geschehen will –

damit es uns dorthin führt,
wo wir sein müssen,
um das zu finden,
was wir nicht suchen dürfen.

Gleichgewicht

Erwarte nie
von dem anderen mehr,
als du bereit bist,
ihm zu geben.

Nur das Gleichgewicht
zwischen Geben und Nehmen
ist ein tragfähiger Boden
für eine gute Beziehung.

Schon gut so

Du machst die Welt
ein bißchen besser –
einfach dadurch,
daß du so bist,
wie du bist.
Es wäre schön,
wenn es mehr Menschen
von deiner Art gäbe.

Aber dann wärst du
nicht mehr so einzigartig.

Freundschaft II

Freundschaft ist stärker
als verletzter Stolz,
stärker als geknickte Eitelkeit,
stärker als verlorene Zeit.

Freundschaft ist größer
als Manipulation und Macht,
sie ist ein warmes Licht
in einer frostigen Nacht.

Sie ist eine Eisdecke, die trägt –
eine Kraft, die uns nach oben bewegt.

Freundeskreis

Es ist ein großes Glück,
Freunde zu haben,
die ihren Namen verdienen –

unentbehrliche Menschen,
mit denen jede Begegnung
so inspirierend sein kann,
daß sie Erfüllung schenkt.

Die
Lilienfrau

Lily schrieb gern Gedanken, die ihr aus der Seele sprachen, auf kleine Zettel, die sie an die Pinwand in ihrem kleinen Mansardenapartment heftete. Darunter befand sich auch ein Aphorismus des italienischen Dichters Francesco Petrarca: „Wenn der Mensch zur Ruhe gekommen ist, dann wirkt er."

Es hingen noch andere Zettel mit philosophischen Einsichten an der Pinwand, die vor den Gefahren der inneren Unruhe warnten und die Wichtigkeit des Müßiggangs priesen. Lily hätte diese Bestätigung ihres eigenen Empfindens zwar nicht gebraucht, doch es tat ihr gut zu wissen, daß große Dichter und Philosophen zu derselben Erkenntnis gekommen waren wie sie: daß es kaum etwas Wichtigeres gab, als viel freie Zeit zu haben.

An ihrer Pinwand hing auch ein Bibelvers aus dem Evangelium des Matthäus: „Schaut die Lilien auf dem Felde, wie sie wachsen: Sie arbeiten nicht, auch spinnen sie nicht."

Lily war trotz oder gerade wegen ihrer Liebe zur Muße ein heiterer, gelassener Mensch, der durch ihre freundliche Ausstrahlung und ihre gelassene, entspannte Art Menschen anzog. So wie sie vor zwei Jahren Laura angezogen hatte, mit der sie sich immer tiefer angefreundet hatte. Laura war drei Wochen im Urlaub gewesen, aber inzwischen wieder in der Stadt. Und nun saß sie mit ihr am Küchentisch und feierte das Wiedersehen mit einer Flasche Sekt.

Lauras Blick wanderte über Lilys Pinwand und hielt an dem Zitat aus dem Matthäus-Evangelium inne: „Das Zitat mit den Lilien hängt immer noch da", stellte sie fest.

„Eins meiner Lieblingszitate", gestand Lily.

„Du bist zwar Lily, aber keine Lilie", konnte Laura nicht umhin zu sagen.

„Das bin ich bestimmt nicht", lächelte ihre Freundin, „aber ich bin auch keine Ameise, wie so viele Menschen, die von früh bis spät arbeiten. Und kaum jemand kritisiert sie dafür, obwohl sie permanenten Raubbau an ihren Kräften und ihrer Gesundheit betreiben und dabei oft die Fähigkeit verlieren, ihr Leben zu genießen. Mir macht das Nichtstun Freude. Je weniger ich tue, desto mehr kann ich sein. Doch manche haben mich deswegen schon schief angeguckt, als wäre der Genuß des bloßen Seins etwas Fragwürdiges, etwas Anrüchiges."

„Das ist er sicherlich nicht, wenn man ihn sich leisten kann", stimmte Laura zu. „Aber wie willst du ihn dir auf die Dauer leisten?"

„Keine Ahnung. Aber ich werde keine Arbeit annehmen, die mir widerstrebt – nur wegen des Geldes."

Laura mußte innerlich den Kopf schütteln. „Aber die Welt ist so eingerichtet, daß wir arbeiten müssen, um leben zu können. Vielen Menschen widerstrebt ihre Arbeit, und trotzdem müssen sie ihr nachgehen. Wie sollen wir sonst unsere Miete, unsere Lebensmittel, unsere Kleidung bezahlen?"

„Ja, so ist die Welt eingerichtet, und die wenigsten stellen sich die Frage, ob sie nicht besser eingerichtet werden könnte", sagte Lily. „Das Tun wird verherrlicht, das Sein wird unterschätzt. Jeder fragt dich, was du machst, aber wer will schon wissen, was du bist."

„Lily, wir können die Welt kaum ändern", hielt Laura entgegen. „Wir sollten sie so nehmen, wie sie nun mal ist. Du hast mir noch nicht auf meine Frage geantwortet, wie du langfristig deine Lebenskosten bestreiten willst."

„Ich habe genügend Klamotten. Meine Miete und meine Lebensmittel zahle ich nach wie vor von dem kleinen Erbe, das meine Großmutter mir vermacht hat. Das Geld wird noch ein paar Jahre reichen, wenn ich sparsam lebe. Und das werde ich."

„Gut, daß du deine Großmutter hattest", stellte Laura fest. „Was macht das Philosophiestudium?"

„Alles wie gehabt. Es ist nach wie vor das einzige Studienfach, das mich wirklich interessiert."

„Obwohl du weißt, daß die Chancen, mit einem Abschluß in Philosophie eine Stelle zu finden, ziemlich klein sind?"

„Ja, verschwindend gering. Philosophen sind für das Funktionieren der Gesellschaft nicht nötig. Schlimmer noch: Sie stören die geregelten Abläufe der Arbeitswelt mit ihrer Art, alles und jedes zu hinterfragen und den Dingen auf den Grund zu gehen. Sie provozieren unsere hochaktive Gesellschaft ungewollt mit ihrer Neigung zur Tatenlosigkeit, zur Muße, zur Nachdenklichkeit. Sie tragen nicht zur Steigerung des Bruttosozialproduktes bei. Mit ihrer scheinbaren Nutzlosigkeit wirken sie wie Fremdkörper im sozialen Getriebe. Wer an seine finanzielle Zukunft denkt, studiert nicht Philosophie. Aber andere Fächer interessieren mich nun mal nicht genug, um sie zu studieren."

„Naja, wenn man sich deine Pinwand anschaut, ist das keine Überraschung. Du sprichst von der scheinbaren Nutzlosigkeit der Philosophen. Wo liegt denn ihr Nutzen für die Gesellschaft?"

„Sie können den Menschen helfen, hinter die Kulissen des Offensichtlichen zu schauen, um das Wesentliche, das Eigentliche zu erkennen. Sie sind lebende Medikamente gegen die weltweite Krankheit der Oberflächlichkeit und gedankenlosen Angepaßtheit. Sie können den Menschen zu mehr geistiger Freiheit, Selbständigkeit und zu mehr Weisheit verhelfen. Sie können sehr hilfreich sein, aber ihre Nützlichkeit wird massiv unterschätzt. Und das, obwohl es überall auf der Welt an Weisheit mangelt. Aber vielleicht liegt das daran, daß nur der Weise weiß, wie wichtig und wertvoll Weisheit ist."

„Vielleicht solltest du nach deinem Studium eine Praxis aufmachen und professionell betriebene philosophische Lebensberatung anbieten, um die Menschen zu tieferem Denken anzuregen, um ihnen Weisheit zu vermitteln."

„Ja, das ist im Grunde auch mein Plan. Aber die Nachfrage nach einer solchen Beratung ist sehr klein. Es gibt hierzulande etwa hundert solcher Praxen, und ob die alle von ihrer Beratung existieren können, ist fraglich. Es ist traurig, daß Weisheit in unserer Gesellschaft einen so geringen Stellenwert hat, denn sie ist so ziemlich das Wichtigste, was ein Mensch erlangen kann."

„Wie würdest du Weisheit eigentlich definieren?"

„Als ganzheitliches Verständnis des Lebens, verbunden mit der Fähigkeit, gute Antworten auf die wesentlichen Fragen des Daseins, des Menschseins zu finden und ihnen gemäß zu leben. Weisheit wirft ein heilsames Licht auf die Holzwege, auf denen viele Menschen durchs Leben irren. Sie sieht tiefer als bloße Intelligenz und Vernunft. Die Menschheit hat ein riesiges Wissen angesammelt, aber es fehlt ihr an Weisheit, dieses Wissen sinnvoll und verantwortungsbewußt anzuwenden. Intelligenz wird in unserer Welt hochgeschätzt, ist aber nicht genug, wenn Weisheit fehlt."

„Wo liegt denn der Unterschied zwischen Weisheit und Intelligenz?"

„Weisheit ist die Intelligenz der Seele. Unsere Welt wäre ein viel besserer Ort, wenn die Menschen mehr Weisheit hätten. Philosophen haben die Aufgabe, sie ihnen zu vermitteln. Aber ich fürchte, nur die wenigsten Philosophen sind auch Weise."

„Und wo liegt der Unterschied zwischen einem Philosophen und einem Weisen?"

„Ganz einfach: Der Philosoph sucht nach Weisheit, der Weise hat sie gefunden. Der Philosoph redet über sie, der Weise lebt sie, strahlt sie aus."

„Lebst du sie?" fragte Laura mit einem vieldeutigen Lächeln.

Lily lachte. „Ich bemühe mich darum, aber es gelingt mir nicht so oft, wie ich es mir wünschen würde."

„Du bist ja auch noch jung. Weisheit ist bestimmt eine Frage des Alters."

„Sie ist eine Frage der geistig-seelischen Tiefe und der intuitiven Sicht ins Herz des Lebens. Die können auch junge Menschen schon haben. Arthur Schopenhauer hat sein Hauptwerk im Alter von dreißig Jahren veröffentlicht, Friedrich Nietzsche hat mit vierunddreißig sein Buch *Menschliches, Allzumenschliches* publiziert. Beide waren große Philosophen – und beide waren auf ihre Art auch weise. Als Siddhartha Gautama seine Erleuchtung erlebte und zum Buddha wurde, war er fünfunddreißig. Weisheit ist keine Frage des Alters."

Es entstand ein nachdenkliches Schweigen, das Laura mit den Worten beendete: „Ich stelle mir so ein Philosophiestudium ziemlich trocken vor. Ich habe mal versucht, Kant zu lesen. Nicht endenwollende Bandwurmsätze, sachlich bis dorthinaus, sehr schwer verständlich. Nach zwanzig Seiten habe ich aufgegeben."

„Kant ist nicht gerade der richtige Einstieg in die Welt der Philosophie. Und ja, das Studium ist oft ein sehr trockener Kuchen. Inzwischen picke ich mir nur noch die Rosinen heraus. Es hängt alles von dem Dozenten ab. An der Universität gibt es nur drei, die eine gewisse Leidenschaft für die Philosophie ausstrahlen. Die anderen spulen nur ihr Programm ab, und das ist nicht wirklich inspirierend, um nicht zu sagen langweilig. Eigentlich ist die Universität ohnehin nicht der richtige Ort für Philosophie, die ja, ins Deutsche übersetzt, nicht weniger heißt als Liebe zur Weisheit. Die nüchterne Atmosphäre der Seminarräume und Hörsäle mag ja manches fördern, aber nicht die Liebe

zur Weisheit. Weit mehr
als in den Vorlesungen
und Seminaren lerne ich
direkt von den großen Phi-
losophen, wenn ich ihre Bücher
hier bei mir zuhause lese."

„Hat sich die Haltung deiner Eltern zu deinem Studium
eigentlich geändert?"

Die Lilienfrau, wie Laura ihre Freundin manchmal ins-
geheim nannte, seufzte. „Nicht wirklich. Mein Vater hält
mich für weltfremd und betrachtet mein Philosophiestudi-
um als reine Zeitverschwendung. Meine Mutter hat mich
immer so akzeptiert, wie ich bin. Auch in dem, was mei-
nem Vater als Verträumtheit und Realitätsferne erscheint.
Sie hat mir gesagt, es sei keine Schande, wenig Ehrgeiz zu
haben. Besser ein liebenswertes Faultier als ein skrupelloser
Karrierist, meint sie."

„Bei deinem Mangel an Ehrgeiz ist es ein Wunder, daß du
dein Abitur bestanden hast."

„Naja, ein bißchen habe ich schon dafür getan. Ich wollte
nicht mitleidig belächelt oder verspottet werden. Daß ich
mein Abi bestanden habe, war wohl eher eine Folge von
Stolz als von Ehrgeiz."

„Irgendwie bist du ein Phänomen, Lily. Du wirkst so unbe-
schwert, so gelassen, obwohl du …"

„Obwohl ich kaum eine Ahnung habe, wie ich auf lange
Sicht meine Brötchen verdienen soll?"

„Ja, so kann man es auch sagen. Machst du dir nie Sorgen
um deine Zukunft?"

Lily schüttelte den Kopf: „Seltsamerweise nicht. Ich habe wohl ein großes Urvertrauen darin, daß sich mein Leben schon auf eine gute Weise entwickeln wird. Das ist schwer erklärbar und mag leichtsinnig und unvernünftig erscheinen, aber tief in mir spüre ich, daß es richtig so ist. Da ist etwas in mir, das mir meinen Weg rechtzeitig zeigen wird. Es ist noch verborgen, wie ein Schmetterling in seiner Puppe. Irgendwann wird es sich mir zeigen. Und dann werde ich tun, was es mir sagt."

„Gibt es eigentlich gar keine Tätigkeit, die du halbwegs gern ausübst? Die du nicht als Arbeit empfindest und mit der du Geld verdienen könntest?" brach Laura das Schweigen.

Lily zuckte mit den Schultern. „Im Moment wüßte ich keine. Macht dir dein Beruf eigentlich immer Spaß?"

Laura wiegte den Kopf. „Nicht immer, aber in der Regel schon. Ich bin gern kreativ und freue mich über jeden gelungenen Entwurf, über jede gute Idee, die mir kommt. Natürlich gibt es auch Tage und Phasen, vor allem, wenn ich unter Zeitdruck stehe, die stressig sind, aber grundsätzlich mag ich meinen Beruf, weil er meinen Neigungen entspricht. Ich habe schon als Kind gern gemalt und gezeichnet. Was hast du als Kind gern gemacht?"

„Ich konnte stundenlang im Gras liegen, in den Himmel zu den weißen Wolken hochschauen und mich in den Formen und Gestalten verlieren, die sie annehmen: ein Pferd, eine Schlange, eine Schildkröte, ein menschliches Gesicht im Profil. Das kann ich heute immer noch. Es ist faszinierend zu betrachten, wie sich die Wolkenformen verändern, wie alles auseinanderfließt, um wieder zusammenzufließen und neue Bilder zu schaffen. Manchmal erscheint mir das Verwandlungsspiel der weißen Wolken im Himmelsblau als ein Sinnbild des Lebens. Alles ist nur vorläufig, für den Augenblick, alles hat nur eine Weile Bestand, weil es in Bewegung bleiben muß. Weil es sich verwandeln muß, weil Veränderung sein inneres Gesetz ist."

„Du bist wirklich eine geborene Philosophin, Lily!"

„Naja, ich weiß nicht. Philosophen denken andauernd, das tue ich eigentlich nicht. Manchmal sitze oder liege ich einfach nur auf meinem Bett, denke an gar nichts – und bin ganz einfach da. Aber damit läßt sich nun wirklich kein Geld verdienen."

„Vielleicht doch", erwog Laura nachdenklich. „Du bist nämlich auf eine außergewöhnliche Weise einfach da. Du strahlst eine solche Ruhe und Gelassenheit, einen solchen inneren Frieden aus, daß ich mich in deiner Gegenwart immer entspannter, ausgeglichener, innerlich harmonischer fühle, als ich vorher war. Als würdest du mich näher zu mir selbst bringen. Ich glaube, du hast die Fähigkeit, mit deiner Ausstrahlung andere Menschen auf eine Weise zu beeinflussen, die sie als beruhigend und hilfreich, als wohltuend empfinden. Manche Leute sind ständig nervös und von sich selbst entfremdet. Sie kommen innerlich nicht zur Ruhe, sie finden nicht zu sich selbst, obwohl sie sich sehr danach sehnen. Vielleicht kannst du ihnen dabei helfen. Einfach durch den positiven Ansteckungseffekt deiner Gegenwart."

„Kennst du einen Menschen", fragte Lily mit ungläubiger Miene, „der mir Geld für meine bloße Anwesenheit geben würde?"

„Ich glaube, ich kenne so einen Menschen. Eine meiner wichtigsten Klienten, Corinna, eine junge Internetunternehmerin. Sie verkauft selbst entworfene Damenmode über ihre Webseite, die ich gestaltet habe und betreue. Vor fünf Jahren hat sie mit einer Angestellten angefangen. Inzwischen arbeiten etwa dreißig Leute für sie. Ihr großer geschäftlicher Erfolg begeistert sie, aber er überfordert sie zugleich. Sie ist eine sehr ehrgeizige und tüchtige Frau, aber sie kann beim besten Willen nicht abschalten, ist ständig überarbeitet, überreizt, überfordert. Und sie leidet darunter."

„Warum geht sie nicht zu einem Arzt? Warum probiert sie es nicht mit Beruhigungsmitteln? Mit Yoga oder Meditation?"

„Sie scheut Arztbesuche. Mit Yoga und Meditation hat sie es schon versucht, ohne Erfolg. Sie will keine Chemie einnehmen, und die pflanzlichen Beruhigungsmittel bringen ihr nichts. Vielleicht kannst du ihr helfen, etwas innere Ruhe zu finden? Soll ich sie einfach mal darauf ansprechen? Falls sie es auf einen Versuch ankommen lassen will, solltest du zu ihr gehen, denn dein kleines Apartment ist nicht gerade repräsentativ."

„Mir genügt es! Ich habe ein Bett, einen Tisch, zwei Sessel, einen Kleiderschrank, eine Kochnische und ein Bad. Wozu brauche ich mehr? Selbst der Besitzer einer Prunkvilla mit über tausend Quadratmetern Wohnfläche kann nur ein paar Quadratmeter davon nutzen, wenn er schläft. Wenn er schläft, ist er nicht reicher als ich."

Laura schmunzelte. „Ich sehe Corinna übermorgen und werde ihr den Vorschlag machen, dich mal zu empfangen.

Was hältst du davon?"

Lily nickte. „Ein Versuch kann ja nicht schaden. Es ist lieb von dir, daß du mir zu helfen versuchst."

„Dafür sind Freundinnen da."

„Und was soll ich tun, wenn ich bei ihr bin?"

„Sei einfach du selbst!"

Drei Tage später saßen Lily und Laura in einem Straßencafé beisammen.

„Und wie war es bei Corinna?" fragte Laura.

„Ihr Haus ist so groß, daß eine zehnköpfige Familie darin leben könnte. Aber am Klingelschild steht nur ihr Name."

„Sie ist kein Familienmensch. Ihre Familie ist ihre Firma. Wie hast du sie empfunden?"

„Nett. Äußerlich um Ungezwungenheit bemüht. Aber innerlich sehr angespannt und unruhig. Wir saßen uns in ihrem riesigen Wohnzimmer gegenüber. Sie saß auf einer Couch und machte etwa zehn Minuten lang freundliche Konversation, und ich machte mit. Obwohl ich Smalltalk gar nicht mag. Aber dieser Smalltalk war hinter den Kulissen ein unsichtbarer Kampf, ein lautloses Kräftemessen. Ich empfand ihre Anspannung als eine starke Angreiferin, die meine innere Ruhe sabotieren wollte. Es war nicht ganz einfach, diesem Angriff standzuhalten. Aber Corinna spürte schließlich, daß meine Ruhe eine Mauer war, die sie nicht durchbrechen konnte. Von diesem Moment an veränderte sie sich. Ihr aufgesetztes Lächeln verschwand, ihr Redefluß versiegte, ihr Gesicht wurde ernst. Ihr Blick wanderte im Raum umher, als würde sie etwas suchen. Dann plötzlich sah sie mir direkt in die Augen. Sehr ernst und irgendwie auch sehr mutig. Ich hielt ihrem Blick stand. So saßen wir uns gegenüber und schauten uns in die Augen. Niemand sagte ein Wort. Es war ganz schön intensiv."

„Wie lange habt ihr euch in die Augen geschaut?"

„Bestimmt fünf Minuten lang. Dann passierte etwas Überraschendes. Sie legte sich einfach auf den Rücken und schloß die Augen. Ich spürte, daß sie nicht mehr reden wollte. Also schwieg ich, saß in meinem Sessel und schaute durch die großen Fenster in den Garten hinaus."

„Wie lange lag sie auf dem Sofa?"

„Eine halbe Stunde bestimmt, vielleicht noch länger. Ich dachte einmal, sie ist eingeschlafen, aber sie hatte nicht die Ausstrahlung einer Schlafenden. Schließlich öffnete sie die Augen wieder, reckte sich wie eine Katze und setzte sich auf. Sie sah mich mit einer Mischung aus Verwunderung, Erleichterung und Dankbarkeit an. Und dann sagte sie, daß ich ihr sehr geholfen hätte, und fragte mich, ob ich in Zukunft einmal pro Woche für eine Stunde zu ihr kommen könne, jeden Montagabend um acht. Ich stimmte spontan zu, worauf sie zum ersten Mal wirklich lächelte, von innen heraus. Sie stand auf, verließ den Raum und kam mit einem Kuvert zurück, das sie mir gab, während sie leise sagte: „Tausend Dank. Dann bis nächsten Montag!"

„Was war in dem Kuvert?"

„Ich habe es erst geöffnet, als ich im Bus saß. Darin war soviel Geld, daß ich drei Monate lang meine Miete davon bezahlen kann. Ich war ganz schön verwirrt. Das war ziemlich viel Geld für eine knappe Stunde, in der ich nichts getan habe, als ein bißchen zu plaudern und schweigend in einem Sessel zu sitzen!"

Laura winkte ab. „Corinna war da wohl anderer Meinung. Und ich bin es auch. Mach dir keine unnötigen Gedanken, sie ist Millionärin. Sie hat mich gestern angerufen und sich bei mir bedankt, daß ich dich zu ihr geschickt habe. Sie meinte, so entspannt und erholt wie nach deinem Besuch hätte sie sich ewig nicht mehr gefühlt. Sie sagte, du hättest eine magische Ausstrahlung."

„Eine magische Ausstrahlung? Hat sie das wirklich gesagt?"

„Ja. Und sie hat mit einer Freundin über dich gesprochen. Mit Isabel, ihrer Geschäftsführerin, die auch kein Mittel gegen ihre innere Unruhe findet. Sie will dich kennenlernen. Ich gebe dir ihre Nummer. Ruf sie an, mach einen Termin mit ihr! Ich bin mir ziemlich sicher, daß du auch bei ihr Gutes bewirken kannst."

„Meinst du?"

„Ja. Du hast so eine große, ansteckende Ruhe in dir. Ich kenne niemanden, der das auch nur ansatzweise hat. Wenn der Mensch zur Ruhe gekommen ist, dann wirkt er. So lautet doch der Gedanke von Francesco Petrarca auf deiner Pinwand."

Weisheits-
geschichten

Ein Maßstab der Freundschaft

Zwei junge Frauen, eine Studentin und eine Journalistin, die seit drei Jahren gute Freundinnen waren, saßen auf einer Parkbank und genossen die friedliche Atmosphäre. Den Sonnenschein und blauen Himmel eines schönen Sommertages. Den kleinen See vor ihren Augen und die prächtigen Bäume, die ihn umsäumten. Das Zwitschern der Vögel und den leichten, sanften Wind, der das Gesicht zärtlich streichelte.

„Ich habe gestern abend über uns nachgedacht", sagte die Journalistin. „Dabei ist mir bewußt geworden, daß du meine beste Freundin bist. Die beste, die ich jemals hatte. Daß mir unsere Freundschaft sehr wertvoll ist, und daß ich sie nie verlieren möchte."

Die Studentin war von diesen Worten so berührt, daß sie eine Weile sprachlos war. Als sie schließlich etwas sagte, war es nur ein Wort: „Danke." Und dann ergänzte sie noch: „Ich empfinde es auch als ein großes Glück, daß wir unsere Freundschaft gefunden haben."

Nach einer Weile sagte die Journalistin: „Ich habe gestern auch darüber nachgedacht, ob es einen Maßstab gibt, mit dem man die Größe oder Tiefe einer Freundschaft messen kann. Und ich denke, Vertrauen ist ganz wichtig. Aber auch Vertrautheit, Ehrlichkeit, Ungezwungenheit. Daß man sich so zeigen kann, wie man ist."

„Ja, das alles ist sehr wichtig in einer Freundschaft", stimmte die Studentin zu. „Aber da gibt es noch etwas anderes. Und vielleicht ist es das Allerwichtigste."

„Woran denkst du dabei?"

„Freude", antwortete die Studentin. „Als ich dich zum ersten Mal sah, fühlte ich eine große Freude, ohne zu wissen, warum. Jetzt weiß ich es: Es war die Freude, dich gefunden zu haben. Und dieser erste Eindruck hat sich inzwischen hundertfach bestätigt. Eigentlich immer, wenn ich mit dir zusammen bin, ist mein Herz froh. Ich habe noch mit keiner Freundin eine solche Freude erlebt. Sicher, wir hatten auch schon mal weniger heitere Stunden, aber was unsere Freundschaft so wichtig macht, ist die Freude, die sie mir schenkt."

Eine Ente kam herbeigeflogen und landete elegant auf der Oberfläche des Sees. Die Vögel sangen in den Bäumen.

Die beiden Frauen sahen sich in die Augen und lächelten.

Die Stufe der Dankbarkeit

Ein Mann fragte seinen Freund, dessen Lebenskunst ihn immer aufs neue beeindruckte, wie er sie erlangt hatte.

„Stufenweise", war die Antwort. „Mit jeder Stufe kam ich ihr ein Stück näher. Ich weiß nicht, ob dieser Stufenweg jemals enden wird."

„Lebenskunst ist also ein Weg und kein Ziel?"

„Es ist beides zugleich."

„Kannst du mir etwas über die Stufen sagen, die du schon erstiegen hast?"

„Nein, denn dann müßte ich den ganzen Abend, die ganze Nacht, den nächsten Tag und wohl noch länger reden. Was ich schon deshalb nicht kann, weil es kurz vor Mitternacht ist und ich ziemlich müde bin."

„Dann erzähle mir wenigstens etwas von einer Stufe."

„Welcher?"

„Einer wichtigen."

„Gut. Dann erzähle ich dir von der Stufe der Dankbarkeit. Du kennst doch sicherlich diese grauen Tage voller Sachzwänge, Arbeit und Routine, die man hinter sich bringt, ohne einen einzigen Moment echter Freude."

„Ja, leider."

„Ich habe unter solchen Tagen oft gelitten. Wenn ich ins Bett gegangen bin, hatte ich das Gefühl, daß dieser Tag nichts wert gewesen war, daß ich ihm nichts Gutes abgewinnen konnte. Und daß dies vielleicht gar nicht an dem Tag gelegen hatte, sondern an mir."

„An dir?"

„Ja, an mir. Denn vielleicht gab es ja auch an solchen Tagen Gelegenheiten, mich aufrichtig zu freuen. Aber ich hatte sie nicht entdeckt, ich hatte sie übersehen. Dieser Gedanke tröstete mich allerdings nicht über die Leere des vergangenen Tages hinweg, er machte meine Gefühlslage eher noch unangenehmer. Mit diesem grauen, leeren Gefühl wollte ich nicht einschlafen. Also dachte ich so lange nach, bis mir eine Idee kam: Ich sollte dankbar dafür sein, daß dieser Tag nur wertlos und freudlos gewesen war – und nicht furchtbar oder katastrophal. Mit dieser Dankbarkeit, die sich dann tatsächlich einstellte, ging es mir bald besser. Und ich konnte halbwegs zufrieden einschlafen."

„Hast du dich damit nicht ein bißchen selbst betrogen?"

„Nein, nein! Ich habe mich nur auf die Tatsache konzentriert, daß der Tag gar nicht so schlimm gewesen war. Ich hatte zwar keine Freude erlebt, aber auch keine Katastrophe, wie etwa einen Wasserrohrbruch. Meiner Nichte ist das kürzlich passiert. Sie kam nach Hause, und das Wasser stand ihr bis zu den Knöcheln in ihrer Wohnung."

„Du hast dich damit getröstet, daß du keinen Wasserrohrbruch hattest? Ein etwas an den Haaren herbeigezogener Trost, finde ich."

„Mag sein, aber er hat gewirkt. Zumal er mit magnetischer Kraft eine Reihe von anderen trostvollen Gedanken herbeizog. Keiner meiner Verwandten oder Freunde war krank oder in Not, allen mir wichtigen Menschen ging es gut.

Auch ich selbst war gesund, hatte keine Zahn- oder Kopf-
schmerzen, keine Grippe, nicht einmal eine Erkältung. Ich
war auf dem Weg nach Hause nicht auf einer Bananenscha-
le ausgerutscht, hatte mir keine Schürfwunde oder gar ei-
nen Beinbruch zugezogen. Keine Boshaftigkeit hatte mich
verletzt, mein manchmal launisches Auto war auf Anhieb
angesprungen. Je mehr solcher Gedanken durch meinen
Kopf strömten, desto mehr wurde mir bewußt, daß es ei-
gentlich doch kein so übler Tag gewesen war. Und plötzlich
stellte ich zu meiner eigenen Überraschung fest, daß ich
mit einem guten Gefühl der Erleichterung auf den Tag zu-
rückblickte. Er war zwar freudlos, aber nicht unfreundlich
zu mir gewesen. Und letztlich ist es doch so: Jeder Tag, an
dem nichts Schlimmes passiert, ist ein guter Tag."

„Naja", sagte der Freund des Lebenskünstlers. „Das kann
man natürlich so sehen, wenn man es so sehen will."

„Das muß man sogar so sehen", wurde er korrigiert. „Denn
es gibt immer eine größere Hölle als die, in der man zu
schmoren glaubt. Und je mehr größere Höllen man sich
vorstellt, in denen man das Glück hat, nicht zu schmoren,
desto kleiner wird die Hölle, in der man sitzt. Bis man am
Ende zu der Einsicht kommt, daß es gar keine Hölle ist."

„Du meinst also, man soll, wenn man sich schlecht fühlt,
froh darüber sein, daß man sich nicht noch schlechter
fühlt?"

„Genau das meine ich. Ich erzähle dir eine Geschichte: Ein
Mann schlug sich mit dem Hammer auf dem Daumen, als
er einen Nagel in die Wand schlagen wollte. Der Schmerz
war groß, seine gute Laune war dahin. Er ärgerte sich über

sein Ungeschick, er fluchte und knallte den Hammer auf den Boden. Sein Tag war gelaufen. Dachte er. Er verließ seine Wohnung, um in einer Kneipe ein oder zwei oder drei Bier zu trinken. Auf dem Weg dorthin sah er eine hinkende Frau. In der Kneipe, wo er ein Bier bestellte, saß ein Mann an der Theke, dem ein Finger fehlte. Im Fernsehen, das in der Kneipe lief, sah er ein Kind, dem ein Arm fehlte. Auf dem Rückweg zu seiner Wohnung kam er an einem Bettler vorbei, dem beide Beine fehlten. In diesem Moment verstand er, wie lächerlich seine Wut auf sich selbst war, weil er sich mit dem Hammer auf den Daumen geschlagen hatte. Und er empfand Dankbarkeit darüber, daß ihm nur ein kleines Ungeschick ohne bleibende Folgen passiert war. Er schämte sich über seine übertriebene Reaktion, zog einen größeren Geldschein aus seinem Portemonnaie hervor und gab ihn dem Bettler, der ihn überrascht und freudig annahm."

Eine Weile saßen die beiden Freunde schweigend beieinander, bis der Besucher schließlich sagte: „Offen gesagt, heute war so ein Tag, an dem ich mich über gar nichts gefreut habe. Aber wenn ich wieder zu Hause bin, werde ich versuchen, dankbar dafür zu sein, daß ich nach dem Verlassen deiner Wohnung nicht im Hausflur die Treppe hinuntergefallen bin und mir dabei ein Bein gebrochen habe."

„Wenn du es so machst, bist du auf dem richtigen Weg", erwiderte der Lebenskünstler. „Denn die Einsicht, ein großes Unglück vermieden zu haben, schenkt immer ein kleines Glück."

Der Rat der Mutter

„Ich habe in den letzten Tagen viel über das Thema Rache oder Verzeihen nachgedacht", sagte ein junger Mann zu seiner Mutter, mit der er sich gut verstand.

„Ein ebenso interessantes wie schwieriges Thema", stellte sie fest. „Zu welchen Ergebnissen bist du gekommen?"

„Nun ja", sagte er, „jemandem zu verzeihen ist immer besser, als sich an ihm zu rächen. Aber manches ist einfach unverzeihlich. Manches muß mit gleicher Münze heimgezahlt werden, ohne daß es deshalb eine Rache sein muß."

„Wie würdest du es denn sonst nennen?"

„Eine Wiederherstellung des Gleichgewichts. Zum Beispiel: Wenn mich ein unzuverlässiger Freund ein paarmal bei Verabredungen lange auf ihn warten läßt, und ich mich darüber bei ihm beschwere, er aber sein Verhalten bei den nächsten Verabredungen nicht ändert, dann lasse ich ihn auch mal öfter warten, damit er spürt, wie das ist. Manche Menschen erreicht man nicht mit Worten, sondern nur mit Taten."

Seine Mutter nickte. „Und kommt dein Freund seitdem pünktlich zu euren Verabredungen?"

„Nein", gestand ihr Sohn. „Ich erreiche ihn leider weder mit Worten noch mit Taten. Seine Unzuverlässigkeit ist ihm heilig."

„Dann mußt du ihn so nehmen, wie er nun mal ist."

„Oder mich von ihm so weit distanzieren, daß mich seine Unzuverlässigkeit nicht mehr berührt."

„Also dich ihm gegenüber abstumpfen", sagte die Mutter.

„Ja. Doch Abstumpfung führt zu Gleichgültigkeit. Und die wiederum führt mich zu der Frage, welchen Sinn diese Freundschaft überhaupt noch für mich hat. Ob ich sie nicht besser beenden soll, als sie halbherzig weiterzuführen."

Seine Mutter seufzte. „Ich verstehe dich. Nach meiner Erfahrung legen Menschen ihre Gewohnheiten im Umgang mit anderen nur sehr ungern ab. Es ist eine Sisyphusarbeit, sie zu einer Verhaltensänderung zu bewegen. Und man erweckt damit nicht selten ihren Unmut, weil man ihnen zeigt, daß man sie nicht so akzeptiert, wie sie sind."

„Richtig", stimmte ihr Sohn zu. „Aber wenn man ihnen immer wieder alles verzeiht, dann tanzen sie einem auf der Nase herum und nehmen einen überhaupt nicht ernst."

„Tja", sagte Mutter. „Es ist leider so. Wenn man großzügig, tolerant und verständnisvoll ist, wird man von manchen Menschen ausgebeutet. Vielleicht sogar von vielen. Aber nicht von allen. Wenn du meinen Rat hören willst: Ein Mensch, der deine besten Eigenschaften immer aufs neue ausnutzt, ist nicht dein Freund."

Essig im Getränk

„Warum erzählst du mir so gut wie jedes-
mal, wenn wir uns treffen, von den Pro-
blemen, die du mit anderen Menschen hast?"
fragte ein Mann eine Frau, mit der er seit Jahren befreun-
det war.

„Weil diese Menschen mich beschäftigen und meine Pro-
bleme mit ihnen mich belasten."

„Hast du dich eigentlich schon mal gefragt, warum ich dir
gegenüber nie über Probleme mit anderen Menschen kla-
ge?" fragte der Mann.

„Du hast wohl weniger Gründe dazu als ich."

„Und wenn ich ebenso viele Gründe habe wie du, aber es
trotzdem nicht tue?"

Die Frau wirkte verwundert. „Was willst du mir damit sa-
gen?"

„Ich will dir sagen, daß ich mich so sehr freue, wenn ich mit
dir zusammen bin, daß ich alle Probleme vergesse, die ich
mit anderen Menschen habe. Wir sehen uns nicht allzu oft,
und deshalb will ich dir bei jeder Begegnung mein Bestes
geben. Offensichtlich ist es bei dir leider nicht so."

„Das stimmt nicht! Ich muß mich nur erst von meinem
Ärger befreien, bevor ich mich darüber freuen kann, mit dir
zusammen zu sein", verteidigte sich die Frau.

Nach einer Weile beendete der Mann das eingetretene
Schweigen. „Und wo geht der Ärger hin, von dem du dich
befreist?"

„Wie meinst du das?"

„So wie ich es gesagt habe: Wo geht dein Ärger hin, von dem du dich in meiner Gegenwart befreist? Ich sage es dir: Er geht in meine Seele, die du gern als Abladeplatz deiner Frustrationen benutzt."

„Ich zeige dir doch nur, daß ich dir vertraue", rechtfertigte sich die Frau, „wenn ich dir von meinen Problemen erzähle."

„Ich muß dir nicht von meinen Problemen erzählen", hielt der Mann ihr entgegen, „um dir zu zeigen, daß ich dir vertraue."

„Was willst du mir eigentlich sagen?" fragte sie mit sichtlicher Verstimmung.

„Daß ich jede unserer Begegnungen zu genießen versuche – wie ein köstliches Getränk. Doch ich kann es oft nicht, weil du meistens gleich zu Beginn ein, zwei Löffel Essig in dieses Getränk gibst. Am Anfang habe ich gehofft, du würdest irgendwann damit aufhören. Dann habe ich gehofft, daß ich irgendwann den Essig im Getränk nicht mehr schmecken würde. Aber beide Hoffnungen haben sich als falsch herausgestellt."

„Warum hast du mir nicht eher davon erzählt?"

„Weil ich dich immer so akzeptieren wollte, wie du bist. Wechselseitige Akzeptanz ist für mich die Grundlage einer guten Freundschaft."

„Und warum erzählst du mir jetzt davon?"

Der Mann atmete tief durch. „Weil ich mich nicht mehr als deine Frustrationsdeponie fühlen will. Weil ich traurig darüber bin, daß du mich viel zu oft als Kummeronkel eingespannt hast. Und weil meine Hoffnung gestorben ist, daß du dich mir gegenüber ändern wirst."

„Und was bedeutet das konkret?" wollte die Frau wissen.

„Daß unsere Freundschaft nie eine wahre Freundschaft war", sagte der Mann mit betrübter Stimme. „Denn die Grundlage einer Freundschaft ist ein bestimmtes Gleichgewicht, eine gewisse Ausgewogenheit, die bei uns nie bestand. Die Freude, die ich in deiner Nähe fühlte und die alle Gedanken an andere Menschen verschwinden ließ, hast du in meiner Nähe nicht in demselben Maß empfunden. Du hast bestimmt schon einmal den Gedanken gehört oder gelesen, daß der wichtigste Mensch immer der ist, der einem gerade gegenübersitzt. Für mich bist du das immer gewesen. Für dich bin ich es leider oft nicht gewesen. Zu oft."

„Heißt das", fragte die Frau, „daß du unsere Freundschaft beenden willst?"

„Es heißt", entgegnete der Mann, „daß ich endlich verstanden habe, daß wir nie eine wahre Freundschaft hatten."

In dem erneut entstehenden Schweigen sah die Frau ihn mit einem Blick an, in dem er Traurigkeit, Unsicherheit, aber auch Zorn erkannte – und noch etwas anderes, das er nicht einordnen konnte.

„Und wie geht es jetzt weiter? Willst du, daß wir uns nicht mehr treffen?" fragte sie schließlich.

„Es wäre mir lieb", sagte der Mann, „wenn wir uns eine Weile nicht mehr sehen. Meine Hoffnungen haben mir immer aufs neue Mut und Kraft gegeben, den Weg mit dir weiterzugehen, obwohl ich oft genug das Gefühl hatte, im Kreis zu laufen. Nun muß ich herausfinden, wo und wie ich dir gegenüber stehe und was ich noch kann und will. Bitte gib mir Zeit, um mich neu zu orientieren."

„Wieviel Zeit?"

„Ich weiß es nicht. Ein paar Monate, schätze ich, werde ich wohl brauchen."

Die Frau preßte die Lippen aufeinander, stand abrupt auf und ging zur Tür. Als sie die Klinke schon in der Hand hielt, drehte sie sich um und sagte: „Es ist schade, daß es so endet. Von allen meinen Beziehungen war die zu dir die am wenigsten egoistische. Ich wünsch dir alles Gute!"

Offensichtlich kam es der Frau darauf an, das Gefühl zu haben, daß sie diejenige war, die einen Schlußstrich unter die Beziehung zwischen ihnen setzte. Sie wollte ihm keine Zeit geben, sich ihr gegenüber neu zu orientieren, weil sie befürchtete, daß er sich danach von ihr abwenden würde.

All dies war ihm klar, aber er verspürte nicht das Bedürfnis, es ihr zu sagen. Stattdessen gab er ihr zum Abschied ein Lächeln mit auf den Weg. Denn es gab vieles an ihr, das dieses Lächeln verdient hatte.

Das Vergehen der Zeit

Zwei Freunde, ein Ingenieur und ein Architekt, saßen bei einer guten Flasche Wein zusammen.

„Ist es nicht seltsam, daß die Zeit umso schneller zu vergehen scheint, je älter man wird, obwohl jeder Tag nach wie vor vierundzwanzig Stunden hat?" fragte der Ingenieur.

Der Architekt nickte zustimmend. „Ich habe das gleiche Empfinden. Und ich habe mich schon öfter gefragt, was der Grund dafür sein mag."

„Hast du eine Antwort gefunden?"

„Ja. Ich weiß zwar nicht, ob es die richtige Antwort ist, doch sie scheint mir plausibel zu sein. Stell dir das Leben als einen Berg vor, den man auf der Südseite besteigt, um auf der Nordseite wieder von ihm herabzusteigen. Wenn wir eine Lebenserwartung von achtzig Jahren zugrunde legen, gehen wir vierzig Jahre bergauf, erreichen den Gipfel – und gehen dann noch einmal vierzig Jahre bergab."

„Dann gehen wir beide seit zehn Jahren bergab", bemerkte der Ingenieur.

„So ist es. Und das ist der springende Punkt im Hinblick auf unser Zeitempfinden."

„Inwiefern?"

„Naturgemäß kommt man bei einem Aufstieg langsamer vorwärts als bei einem Abstieg. Deshalb scheint auch die Zeit in unserer ersten Lebenshälfte langsamer zu vergehen als in unserem zweiten Lebensabschnitt."

„Naja", sagte der Ingenieur. „Das ist eine sehr subjektive Betrachtungsweise."

„So subjektiv wie unser Zeitempfinden", hielt ihm sein Freund entgegen. „Und noch etwas kommt hinzu: Der unverstellte Blick auf unser Ende."

„Wie meinst du das?

„Solange wir bergauf gehen, sehen wir nur den Gipfel des Berges. Aber wenn wir ihn erreicht haben, sehen wir auf einmal das Tal auf der anderen Bergseite. Und wir wissen, daß in diesem Tal der Tod auf uns wartet. Wir schauen bei unserem Abstieg ständig in dieses Tal, weil wir nicht rückwärts den Berg hinuntergehen können. Ich glaube, dieser permanente Blick auf unsere Endlichkeit nimmt uns viel von unserer Unbeschwertheit, unserer Unbekümmertheit, die in unseren jungen Jahren oft die Stunden und Tage als lang erscheinen ließ. Wer nicht an den Tod denkt, lebt in der Gegenwart – und wer in der Gegenwart lebt, dessen Zeit vergeht langsam. Weißt du noch, wie lang uns ein Tag vorkam, als wir noch Kinder waren und alles vergaßen, wenn wir spielten? Und jetzt denke ich abends manchmal: Wie schnell doch der Tag vergangen ist!"

„Glaubst du wirklich, daß die Gewißheit, dem Tod näherzukommen, unser Zeitgefühl beschleunigt?" fragte der Ingenieur. „Oder ist es nicht eher der Umstand, daß wir mit zunehmendem Alter immer tiefer in der Alltagsroutine versinken und nichts Neues, nichts Beglückendes mehr erleben, das uns die Zeit als langsam vergehend erscheinen läßt? Man sagt doch: Dem Glücklichen schlägt keine Stunde."

„Andererseits", hielt ihm der Architekt entgegen, „heißt es mit Recht, daß glückliche Stunden nur so dahinfliegen. Das ist ein irritierender Widerspruch. Aber wo liegt die Wahrheit?"

„Tja, wo liegt die Wahrheit?" wiederholte der Ingenieur. „Wahrscheinlich darin, daß vieles im Leben, darunter auch die Zeit, uns widersprüchlich erscheint, weil es zwei Seiten hat."

Gedichte
und
Gedanken

Das, was wir sind

Ich bin von dir eingenommen,
ohne mich vereinnahmt zu fühlen.
Ich freue mich an dir –
und freue mich für dich,
wenn andere sich an dir freuen
und du dich an ihnen.

Unsere Freundschaft wächst
auf dem Boden der Freiheit,
unbelastet von Eifersucht,
sie macht unser Leben reicher,
ohne mehr von uns dafür zu verlangen
als das, was wir sind.

Das Schönste

Das Schönste
zwischen zwei Menschen
entsteht ganz von selbst,
frei und natürlich,
ohne sich zu zieren.

Versuchst du,
es zu erzwingen,
wirst du es verlieren.

Wahre Freunde

Einen wirklichen Freund,
eine wahre Freundin
können wir nicht verlieren;
sie sind uns so sicher
wie das eigene Wesen.

Verlieren können wir
nur die Illusionen,
die wir uns über
andere Menschen machen.

Klarer Spiegel

Wahrheitsliebe
erhellt den Raum um dich;
in deiner Gegenwart
läßt sich klar sehen.

Dein Schweigen macht Mut;
deinen Worten schenkt
Glauben sich ohne Zögern.
Du bist ein klarer Spiegel;
wer dich besucht,
schaut sich
ins eigene Gesicht.

Erinnerung

Wenn dein Bestes plötzlich
nicht mehr gut genug ist
und andre ihre Stärken
an deinen Schwächen messen,
sich falsche Bilder von dir machen,
um sie aufzuhängen an der Wand,
die sie gegen dich errichten,
dann vergiß nicht:

Ich glaub an dich.

Solange

Es macht mir nichts aus,
wenn andere mich verkennen,
solange du mich erkennst.

Es ist nicht schlimm,
wenn andere sich falsche Bilder
von mir machen,
solange du mein wahres Wesen siehst.

Es stört mich nicht,
wenn andere mich
in ihre Schubladen stecken,
solange du mir deine Türen offenhältst.

Unterscheidungsmerkmal

Es ist eine weitverbreitete Überzeugung,
daß es keine Freundschaft mehr gäbe,
wenn Freunde sich gegenseitig sagen würden,
was sie voneinander denken: also die Wahrheit.
Aber eine Freundschaft,
die immer neuer Lügen bedarf,
um sich zu erhalten,
hat ihren Namen nicht verdient.

Wirkliche Freundschaft
erträgt die Wahrheit nicht nur,
sie braucht sie sogar zu ihrer Entfaltung.
Wer seinem Freund nicht offen sagen kann,
was in seinem Kopf und seinem Herzen vorgeht,
hat keinen Freund, sondern nur einen Bekannten.

Zeichen

Die wichtigsten Menschen
in deinem Leben
erkennst du daran,
daß du dich gleich
in ihrer Nähe wohlfühlst,
als würdest du sie
schon gut kennen –

und daß sie dieses Empfinden
mit dir teilen.

Wie wir lachten

Weißt du noch,
wie wir lachten?
Über nichts und wieder nichts,
würden manche sagen.
Doch wir lachten
über alles und wieder alles,
da wir es gewissermaßen
mit den gleichen Augen sahen –

und das allein war schon
herrliche Lachanfälle wert.

Wahre Freundschaft

Mein Freund ist ein seelischer Verwandter.
Uns verbindet eine ähnliche Art
des Empfindens und Denkens,
wir fühlen uns gut miteinander.
Mit wachsender Vertrautheit
wächst unser Vertrauen ineinander.

Mein Freund läßt mich vergessen,
wieviel Unfreundlichkeit, Kälte und Distanz
auf der Welt herrschen.
Er erinnert mich immer wieder daran,
wieviel Freundlichkeit, Wärme und Nähe
zwischen zwei Menschen möglich ist.

Diese Worte

Daß die Welt ärmer wäre
ohne deine Existenz,
daß mein Leben ärmer wäre
ohne deine Freundschaft –
das mögen große Worte sein,
aber sie lagen mir auf der Zunge,
und da wollte ich
sie nicht liegen lassen.

Es ist dein Licht,
in dem ich diese Worte schreibe,
damit sie bleiben –
nicht nur auf dem Papier,
sondern auch hoffentlich
ganz tief in dir.

Aus dem
Augenblick
heraus

Als sie jung gewesen waren, in den wilden Siebzigern, hatten sie fast zehn Jahre lang in einer fünfköpfigen Progressive-Rock-Band gespielt, die es zu einer gewissen Bekanntheit gebracht, aber nie die großen Bühnen erobert hatte. Trotzdem war es die beste Zeit ihres Lebens gewesen.

Andreas spielte Querflöte, Klarinette und Saxophon, Michael die elektrischen und akustischen Gitarren. Sie hatten ihre Fans und sogar ein paar Groupies gehabt, die ihnen von Konzert zu Konzert folgten.

Sie waren ganz kurz vor dem ersehnten Durchbruch gewesen, nachdem Lisa sich ihnen angeschlossen hatte, eine zierliche Sängerin mit einer einprägsamen, gefühlvollen Stimme: eine hübsche, elfenhafte Frau.

Bei einem Konzert der Band war der Talentscout einer großen Plattenfirma hellhörig geworden und hatte ernsthaftes Interesse an der Band signalisiert, das sich aber bald schon als Interesse an Lisa entpuppte. Die Company wollte Lisa als Solokünstlerin aufbauen, bot ihr einen Plattenvertrag an und versprach ihr das Blaue vom Himmel.

Lisa trennte sich von der Band, unterschrieb den Plattenvertrag und brachte ein Album mit eher kommerziellen als progressiven Songs auf den Markt, obwohl sie kommerzielle Popmusik immer abgelehnt hatte. Das Album war zwar kein Flop, aber auch nicht erfolgreich genug, um die Company zu einem zweiten Album mit ihr zu motivieren – womit Lisas Karriere als Popstar endete, kaum daß sie begonnen hatte.

Für die Musikindustrie galt das Prinzip nicht, daß jeder eine zweite Chance verdient hat.

„Was macht Lisa eigentlich? Hast du mal was von ihr gehört?" fragte Michael.

Andreas schüttelte den Kopf. „Seit Ewigkeiten nicht. Aber laß uns nicht über Lisa reden. Du hast heute Geburtstag."

„Ja – und?"

„Da hast du einen Anspruch auf eine gute Stimmung, und Lisa ist nicht wirklich ein inspirierendes Thema!" Michaels einziger Geburtstagsgast hob sein halb gefülltes Weinglas und leerte es mit entschlossenen Zügen.

Michael nickte zustimmend. „Unglaublich, wie die Zeit vergangen ist. Es ist ja schon seltsam, zwanzig zu werden und das Gefühl zu bekommen, seine Jugend hinter sich zu haben. Oder dreißig zu werden und sich damit abfinden zu müssen, daß die wilden Zeiten im großen und ganzen wohl vorbei sind. Oder mit vierzig in den Spiegel zu gucken und sich zu fragen, wo die Falten im Gesicht hergekommen und wo die Haare auf dem Kopf hingegangen sind. Und dann mit fünfzig zu wissen, daß man den Zenit seiner Lebenszeit überschritten hat."

„Tja, Älterwerden ist nicht ohne", stellte Andreas fest.

„Mit fünfzig habe ich mich noch nicht alt gefühlt", sagte Michael. „Das kam bei mir erst zehn Jahre später, als ich die Sechzig überschritten hatte. Da habe ich mir gesagt: So, jetzt gehst du mit jedem weiteren Jahr auf die Siebzig zu. Und die Siebzig, das ist schon eine Zahl, bei der man schlucken muß, die man nicht so einfach wegstecken kann. Die macht dir unmißverständlich deine Endlichkeit bewußt. Die sagt dir, daß du in den letzten Teil deines Lebens eingetreten bist, der bekanntlich mit dem Tod endet.

Und das ist nicht wirklich erfreulich."

Andreas gab ein relativierendes Brummen von sich. „Es ist eine Frage der kulturellen oder religiösen Perspektive. In Indien feiern die Menschen, wenn jemand gestorben ist. Sie ziehen sich weiße Klamotten an, zelebrieren die Verbrennung seiner sterblichen beziehungsweise gestorbenen Überreste und freuen sich mit dem Toten darüber, daß seine Seele sich aus der beschwerlich gewordenen Verbindung mit dem Körper befreit hat."

„Du mit deinen Indern!" murmelte Michael.

„Du hättest damals, nach der Auflösung der Band, mitkommen sollen! Das Jahr in Indien war eins der besten meines Lebens. Vielleicht sogar das beste!"

„Das hast du mir oft genug gesagt!"

„Es hat mir auch sehr viel gebracht. Und es hätte dir auch viel gebracht. Oft habe ich mich dort gefühlt wie auf einem anderen Planeten."

„Ja, ich weiß. Glaubst du immer noch, daß die Seele nach dem Tod weiterlebt?"

„Natürlich! Sicher lebt die Seele weiter. Daran hab ich übrigens schon geglaubt, bevor ich in Indien war."

„Und woher willst du das wissen?"

„Das weiß ich einfach. Tief drinnen weiß ich das. Deshalb hab ich auch keine Angst vor dem Tod. Weil er kein Ende ist, sondern ein neuer Anfang." Andreas nickte mehrmals, was er gern tat, wenn er zutiefst von etwas überzeugt war, das er gesagt hatte.

„Ich hab eigentlich auch keine Angst vor dem Tod", sagte Michael. „Ich hab nur Angst vor dem Leiden."

„Leben ist Leiden, meint Buddha", warf Andreas ein.

„Meint er das?" erwiderte Michael. „Leben kann aber auch Freude sein. Und das sollte es auch. Denn was hat es für einen Sinn, jahrzehntelang zu leiden, um dann schließlich zu sterben? Das wäre doch sinnlos … Der Dalai Lama, ist der nicht auch Buddhist?"

Andreas nickte.

„Der hat doch gesagt, der Sinn des Lebens besteht darin, glücklich zu sein. Darf er das überhaupt sagen – als Buddhist? Das ist doch ein Widerspruch zu der Lehre Buddhas, daß Leben Leiden ist!"

„Klar darf er das! Er ist der Dalai Lama! Die meisten Buddhisten, denen ich begegnet bin, wirkten gelassen, freundlich und heiter. Mit einer Leidensmiene sind die nicht durchs Leben gelaufen."

„Du bist doch auch Buddhist."

„Eigentlich bin ich nur ein Sympathisant. Der Buddhismus ist mir in mancher Hinsicht sympathisch. Zum Beispiel der Aspekt der Selbstverantwortung für sein eigenes Leben. Einige buddhistische Einsichten erscheinen mir unmittelbar einleuchtend und sinnvoll."

„Sinnvoll", murmelte Michael nach einer Weile und nickte gedankenverloren. „Als ich jung war, da war alles sinnvoll, was ich freiwillig machte, jedenfalls so gut wie alles – und wenn es der größte Blödsinn war. Und heute muß ich manchmal erst nach dem Sinnvollen suchen, um Lust zu kriegen, es zu machen."

„Ich schätze, es ist sinnvoll", sagte Andreas, „wenn ich uns Sekt nachschenke."

„Als junger Mann habe ich ein Buch gelesen oder einen Film geguckt, um ein Buch zu lesen oder einen Film zu gucken", setzte Michael seinen Gedankengang fort. „Heute lese ich bei den meisten Büchern nur die ersten zehn, zwanzig Seiten und lege sie dann weg. Und bei den meisten Filmen gucke ich die ersten zehn, zwanzig Minuten und steige dann aus."

„Warum?"

„Weil ich mit heutiger Wirkung vierundsechzig Jahre alt bin."

„Das mußt du mir näher erklären!"

„Zum einen bin ich mit den Jahren kritischer geworden. Zum anderen hab ich nicht mehr alle Zeit der Welt. Ein Mann unserer Baujahre stirbt durchschnittlich mit fünfundsiebzig Jahren."

„Sagt wer?"

„Das Statistische Bundesamt. Ich habe also noch gut zehn Jahre zu leben, wenn statistisch alles normal läuft. Es könnten natürlich auch noch zwanzig werden. Und diese Jahre will ich nicht mit Büchern vergeuden, die nicht lesenswert sind. Und nicht mit Filmen, die nicht sehenswert sind. Ich möchte meine Zeit sinnvoll verbringen."

„Ja, man wird selektiver, wenn man älter wird. Geht mir genauso. Ist doch auch in Ordnung. Aber was ist für dich sinnvoll? Wie definierst du das?" fragte Andreas.

„Sinnvoll ist alles, was mir Freude macht, was mich beschwingt, was mich zum Lächeln bringt", antwortete Michael. „Was mir nicht das Gefühl gibt, meine Zeit zu vergeuden. Sinnvoll ist jede Kerze, die ich für mich und andere Menschen anzünde, anstatt über die Dunkelheit zu klagen. Sinnvoll ist alles, was mir nicht den Eindruck vermittelt, daß ich es schon tausendmal getan habe."

Andreas nickte zustimmend. „Ich hab mich noch kürzlich gefragt, ob das Altwerden neben den offensichtlichen Nachteilen auch weniger offensichtliche Vorteile mit sich bringt."

„Und hast du eine Antwort gefunden?"

„Ich fürchte, die Nachteile überwiegen."

„Hast du auch darüber nachgedacht, wo die Vorteile des Alterns liegen?"

„Naja, man sieht klarer. Man hat vieles durchschaut. Man schleppt die Last seiner Illusionen nicht mehr mit sich herum."

„Eine manchmal sehr süße Last", wandte Michael ein.

„Trotzdem eine Last – die auch schnell sehr bitter werden kann … Man schaut einer Frau nicht mehr auf der Straße nach, bloß weil sie ein hübsches Gesicht oder eine gute Figur hat. Man läßt sich nicht mehr von Äußerlichkeiten beeindrucken. Man hat mehr Seelenfrieden, kann besser zwischen Wesentlichem und Unwesentlichem unterscheiden. Man erwartet nicht mehr soviel von anderen Menschen, womit das Enttäuschungspotential erheblich reduziert wird. Und man hat mehr freie Zeit. Jedenfalls du und ich, seit wir in Rente sind."

„Hast du eigentlich jemals bereut, daß wir uns als Musiklehrer durchs Leben geschlagen haben?" fragte Michael.

„Ich wäre lieber ein Musikstar geworden, aber dazu hat es halt nicht gereicht. Aber es ist kein übel Beruf, Menschen beizubringen, wie man Klarinette oder Querflöte spielt. Nein, ich bereue es nicht. Du?"

Andreas schüttelte den Kopf.

„Unsere große Leidenschaft war schon immer die Musik, und die haben wir zu unserem Beruf gemacht. Nicht so kreativ und glamourös, wie wir es uns erträumt hatten. Aber doch irgendwie akzeptabel."

Andreas hob sein Glas. „Auf die Musik! Die große Liebe unseres Lebens."

Michael tat es seinem einzigen Geburtstagsgast nach. „Auf die Musik!"

Die Gläser erzeugten einen angenehmen Klang, als sie aneinanderstießen.

„Kannst du dich noch an den Song *Old Friends* von Simon and Garfunkel von ihrem Album *Bookends* erinnern?" beendete Michael das Schweigen. „Zwei alte Freunde sitzen auf einer Parkbank wie Buchenden. Der Wind weht eine Zeitung über das Gras auf ihre Schuhe. Und dann ganz unverhofft die Worte: *How terribly strange to be seventy.*"

„Noch sind wir nicht siebzig", stellte Andreas fest.

„Aber in ein paar Jahren werden wir es sein. Und die werden schnell vergehen."

„Naja, so schrecklich seltsam wird das schon nicht sein, wenn wir siebzig sind. Man stellt es sich nur so vor, wenn man jung ist. Paul Simon war ja noch keine Dreißig, als er den Song geschrieben hat. In diesem Alter hab ich es mir

auch schrecklich seltsam vor-
gestellt, siebzig zu sein. Es wird
schon nicht so schlimm sein."

Michael warf Andreas einen skep-
tischen Blick zu. „Wir reden uns hier
nicht das Altwerden schön, oder?"

Andreas schüttelte den Kopf. „Würde ich so nicht sagen.
Und wenn ja, wäre es auch okay. Besser, man redet sich
etwas schön, an dem man eh nichts ändern kann, als daß
man es sich häßlich redet."

Michael nickte zustimmend, wandte jedoch ein: „Aber bei
vielen scheint das nicht so gut zu klappen, das Schönreden.
Alte Menschen sehen oft so traurig aus, so enttäuscht."

Andreas runzelte die Stirn. „Willst du uns deinen Geburts-
tag vermiesen?"

„Ich will nur nicht die Realitäten des Lebens beschönigen",
erwiderte Michael.

„Okay, aber diese Realitäten sind stark abhängig von deiner
Haltung und deiner Perspektive. Denk mal an den Song
Forever Young von Bob Dylan!" Andreas sang: *„Forever
young, forever young. May you stay forever young."*

„Du bist wirklich kein begnadeter Sänger."

„Das ist Bob Dylan auch nicht. Aber es kommt ja auf den
Text an."

„Okay, aber was ist schon an dem Text dran? Er singt ja
nur: Mögest du für immer jung bleiben! Was biologisch
unmöglich ist."

„Er meint das ja nicht so. Er wünscht uns, daß wir immer
innerlich jung bleiben, und das ist ja durchaus machbar."

„Kommt darauf an, was man unter innerlichem Jungbleiben versteht", gab Michael zu bedenken.

„Ich verstehe darunter, daß man offen bleibt für das Leben, für Menschen, für die Liebe und die Freundschaft, für die Natur, die Musik, die Literatur, die Kunst", erklärte Andreas. „Daß man einfühlsam bleibt und wahrhaftig und auch mal überschwenglich ist. Daß man sich freuen kann wie ein Kind, wenn im Frühling die Bäume blühen und die Blumen aus der Erde kommen. Daß man sich seine Lebensfreude bewahrt und kein alter Miesepeter wird. Findest du nicht, daß sich das machen läßt, Michael?"

„Auf jeden Fall sollte man es versuchen! Und es kann ja auch gelingen, wenn man körperlich gesund bleibt."

„Dann laß es uns versuchen!" schlug Andreas vor. „Laß uns für immer innerlich jung bleiben!"

„Okay!" sagte Michael. „Laß es uns versuchen!"

Das Telephon im Nebenzimmer klingelte.

„Wer mag das sein?" fragte Andreas.

„Keine Ahnung. Eigentlich haben schon alle angerufen."

Michael stand auf und ging ins Nebenzimmer, während Andreas sich daran machte, die dritte Flasche Sekt zu entkorken.

„Und – wer war es?"

Michael setzte sich nachdenklich auf den Sessel, atmete tief durch, nahm das wieder aufgefüllte Glas in die Hand und trank einen kräftigen Schluck.

„Eine echte Überraschung."

„Ja? Ist doch gut. Zu einem guten Geburtstag gehört eine

echte Überraschung. Also – wer war es?"

„Erst habe ich ihre Stimme gar nicht erkannt. Ich dachte, jemand hat sich verwählt."

„Wessen Stimme?"

„Die Stimme von Lisa."

Andreas schaute seinen Freund ungläubig an. „Was?"

„Du verstehst schon."

„Unsere Lisa?"

„Ja, unsere Lisa."

„Nee! Das gibt's doch nicht!"

„Das gibt's."

„Wirklich? Und – was wollte sie?"

„Mir zum Geburtstag gratulieren. Und sich …"

„Und was?"

„Sie hat sich entschuldigt."

„Sie hat sich entschuldigt?"

Michael nickte. „Dafür, daß sie uns damals im Stich gelassen und sich nach München abgesetzt hat, wegen ihres Plattenvertrags."

Andreas runzelte die Stirn und schüttelte den Kopf. „Das kommt etwas zu spät, oder? Vierzig Jahre zu spät."

„Besser zu spät als gar nicht."

„Und hast du ihre Entschuldigung akzeptiert?"

„Ja, hab ich."

„Echt?"

Michael nickte.

„Fiel dir das schwer?"

„Nein."

„Wirklich? Du warst doch auch total enttäuscht von ihrem

Verhalten, damals. Durch die Konzerte mit unserer Band ist die Plattenfirma auf Lisa aufmerksam geworden! Und dann hat sie uns eiskalt abserviert, als es hieß: entweder die Band oder der Plattenvertrag. Und schließlich hat sie diese kommerziellen Songs aufgenommen, die sie ihr vorgesetzt haben, obwohl sie angeblich höhere musikalische Ansprüche hatte. Das war charakterschwach. Und undankbar uns gegenüber."

„Sie wollte halt ihre große Chance nutzen."

„Und hat es nicht mal für nötig gehalten, es uns persönlich zu sagen. Ein Brief! Sie hat sich hinter einem Brief mit vier Zeilen versteckt!"

„Sie hat sich geschämt, sagt sie. Sie hatte Angst davor, es uns persönlich zu sagen."

„Sagt sie das?"

„Ja. Es tut ihr leid, daß sie sich damals uns gegenüber nicht besser verhalten hat. Das lag ihr all die Jahre auf der Seele."

Andreas starrte auf die Kerzenflamme. Draußen auf der Straße hupte ein Auto. Er räusperte sich. „Ich habe Lisa gemocht, wirklich. Aber es hat mir nicht für sie leidgetan, daß es mit ihrer Popstarkarriere nicht geklappt hat. Ich fand, das war sowas wie ausgleichende Gerechtigkeit dafür, daß sie uns als Sprungbrett benutzt und dann fallen gelassen hat."

„Lisa hatte das doch nicht so geplant", verteidigte Michael die Sängerin. „Es hat sich alles so ergeben. Die Company hat ihr die Pistole auf die Brust gesetzt. Entweder ein Plattenvertrag als Solokünstlerin oder gar nichts. Wer weiß, ob du oder ich an ihrer Stelle uns nicht genauso entschieden hätten?"

„Ich hätte mich nicht bei Nacht und Nebel aus dem Staub gemacht, um eine Chance zu nutzen, und einen feigen

Vierzeiler an die Menschen geschickt, denen ich diese Chance überhaupt zu verdanken hatte ... Naja, lang ist es her. Und wie geht es ihr?"

„Ich glaube, es geht ihr nicht gut. Sie wirkte traurig."

„Naja, sie ist jetzt auch in unserem Alter."

„Nein ... Da war noch was anderes. Etwas, das sie bedrückte. Sie konnte es nicht verbergen. Aber sie wollte nicht darüber reden."

„Und was nimmst du dir so vor für dein nächstes Lebensjahr?" beendete Andreas das lange Schweigen.

„Nur noch tun, was mir Spaß macht. Starke Songs hören, gute Bücher lesen, tolle Filme sehen. Meine Rentner-Freiheit genießen eben! Planlos in den Tag hinein leben und spontanen Impulsen folgen. Mir eine neue Western-Gitarre gönnen, auch wenn ich nicht unbedingt eine brauche. Ab und zu einen Song komponieren. Öfter mal auf meinem Indoor-Trampolin herumhüpfen, in unserem Alter muß man auf die Fitneß achten. Dann und wann im Park radeln oder spazieren. Ab und zu bewußt unvernünftig sein. Und jeden Tag möglichst gut beginnen."

„Zum Beispiel wie?"

„Nietzsche hat geschrieben, das beste Mittel, jeden Tag gut zu beginnen, sei beim Erwachen daran zu denken, ob man nicht wenigstens einem Menschen eine Freude machen könne. Das könnte man doch ab und zu beherzigen."

„Wie soll das konkret aussehen?"

„Was weiß ich? Geschenke machen! Ich hab so viele Dinge, die ich nicht mehr brauche. Zum Beispiel all die angelesenen Bücher. Das sind Hunderte! Sind alle noch wie neu. Kann ich doch an irgendwelche Leseratten verschenken, die sich darüber freuen."

„Das ist zu leicht", wandte Andreas ein. „Das Zeug zu verschenken, das man eh nicht mehr braucht."

„Leicht ist richtig", konterte sein Freund.

„Mag sein. Aber es macht noch mehr Spaß, den eigenen Egoismus auf die Schippe zu nehmen – und zum Beispiel Dinge zu verschenken, an denen man hängt. Oder den Spaß und die bewußte Unvernunft elegant miteinander verbinden. Wäre das nicht was?"

„Zum Beispiel wie?"

„Du magst doch diese mürrische Frau im Nebenhaus nicht so besonders, oder? Wie heißt sie noch? Brumme, oder so?"

„Sie heißt Bromme. Agnes Bromme. Die ist wirklich unsympathisch. Sie grüßt nicht auf der Straße, guckt immer weg. Niemand in der Nachbarschaft mag sie."

„Dann schieb ihr doch mal einen Fünfzig-Euro-Schein in einem Umschlag in den Briefkasten und schreib darauf: *Von jemandem in Ihrer Nachbarschaft, der Sie mag! Gönnen Sie sich dafür was Schönes!* Damit schlägst du drei Fliegen mit einer Klappe."

„Gleich drei?"

„Ja. Erstens machst du einem Menschen eine Freude. Zweitens tust du bewußt etwas Unvernünftiges. Und drittens nimmst du deinen Egoismus auf den Arm. Denn der sagt dir, daß diese Frau so ziemlich der letzte Mensch ist, dem du fünfzig Euro schenken möchtest. Indem du es trotzdem tust, überwindest du dein Ego, was an sich schon eine tolle Erfahrung ist. Zusätzlich wird sich das positiv auf deine spirituelle Entwicklung und dein Karma auswirken."

„Ich fürchte, die Dame wird sich nicht über den Umschlag mit dem Geld freuen. Ich habe sie noch nie lächeln sehen. Wahrscheinlich ist sie unfähig zur Freude."

„Mumpitz! Jeder Mensch freut sich über ein unverhofftes Geschenk von fünfzig Euro. Sie wird lächeln und sich sagen: In meiner Nachbarschaft ist irgendwo ein Mensch, der durch meine mürrische Fassade gesehen und meinen guten Kern erkannt hat! Und weil alles im Universum irgendwie miteinander zusammenhängt, wird ihre Freude irgendwann auf dich zurückstrahlen und dir eine Freude schenken – auch wenn du deren Ursache dann nicht mehr zurückverfolgen kannst."

„Andreas, ich hab manchmal das Gefühl, du warst damals zu lange in Indien."

„Ich glaube eher, ich war nicht lange genug dort."

„Dann fahr doch wieder hin!"

Andreas schüttelte energisch den Kopf. „Indien ist nicht mehr das, was es in den Siebzigern war. Und ich bin es auch nicht mehr. Ich würde nur an Orten, die sich verändert haben, den Menschen suchen, der ich damals war. Das intensive, manchmal magische Lebensgefühl suchen, das ich damals hatte. Das kann doch nur scheitern. Es ist ratsam, nicht wieder dorthin zurückzureisen, wo man vor langer Zeit einmal glücklich war. Man verdirbt sich nur die Erinnerungen und tut sich unnötig weh. Außerdem hat mir die Hitze schon damals zu schaffen gemacht. Heute würde ich sie überhaupt nicht mehr aushalten."

„Wenn du meinst."

„Was hast du noch so vor im nächsten Lebensjahr?" fragte Andreas seinen Freund nach einer Gesprächspause.

„Ab und zu in die Innenstadt fahren und den Straßenmusikern mehr Geld geben, als sie erwarten", antwortete Michael. „Weißt du noch, wie wir beide dort mal gespielt haben vor tausend Jahren, und was das für ein Kick war, als ein Passant uns einen Hundertmarkschein in den Gitarrenkoffer gelegt hat?"

„Ja, das hat er. Aber nicht, weil er von unserer Musik so begeistert war, sondern um seiner hübschen Freundin mit seiner Großzügigkeit zu imponieren."

„Egal – es war trotzdem ein Kick! Was deinen Tip hinsichtlich der Egoüberwindung betrifft: Vielleicht sollte ich den Fuffi lieber einem freundlichen Menschen in meiner Nachbarschaft in den Briefkasten werfen. Um mich für den Anfang nicht zu überfordern."

„Unterschätze nicht die Freude der Seele nach einem Triumph über das Ego! Schenk der mürrischen Dame den Fuffi! Ohne den Gedanken, dafür irgendwann einmal um tausend Ecken belohnt zu werden. Gib ihr die Kohle aus unegoistischer, absichtsloser Unvernunft. Aus purer Freude an dem Sprung über den eigenen Schatten."

„Ich werde darüber nachdenken. Danke für die Anregung!"

„Immer wieder gern! Weißt du, Michael, in unserem Alter kommt es darauf an, ab und zu was total Neues zu machen, weil man das Alte schon viel zu oft gemacht hat. Und es kommt darauf an, sich Freuden zu machen. Kleine, mittlere und größere. Freuden sind das beste Gegengift gegen die täglichen Schlangenbisse des Alterns."

„Wow! Schlangenbisse des Alterns! Das hast du schön gesagt. In dir steckt ein Dichter, Andreas."

„Findest du? Ich weiß nicht. Du, ich muß mal eben für kleine Jungs. Du kannst uns ja schon mal nachgießen."

„Warte!"

„Nee, ich muß wirklich sofort auf den Topf."

„Und ich muß dir sofort sagen, daß du nicht nur mein ältester, sondern auch mein bester Freund bist. Viele sind gekommen und gegangen. Du bist geblieben. Und das ist … das bedeutet mir sehr viel. War das jetzt zu pathetisch?"

„Nein, war es nicht. Mir bedeutet es auch sehr viel. Ich muß jetzt aber trotzdem mal irgendwohin!"

Nachdem Andreas das Zimmer verlassen hatte, stand Michael auf, ging zum Fenster und blickte auf die Straße hinunter, wo die parkenden Autos am Straßenrand ordentlich hintereinander standen. An der Laterne vor dem Haus hatte jemand sein Fahrrad angeschlossen. Keine Menschenseele weit und breit. Der zunehmende Mond strahlte in einem ungewöhnlich warmen Gelb und hing tief am Himmel, nur ein kleines Stück über dem Horizont. Es war ein schönes Gefühl, ihn zu betrachten.

Mein Geburtstag geht zu Ende, dachte der Gitarrist. Und ich habe nicht getanzt. Ich habe seit Silvester nicht mehr getanzt. Das ist nicht gut, ich sollte ab und zu mal tanzen. Als ich jung war, habe ich es jede Woche getan. Es ging gar nicht ohne. Als ich jung war, hatte ich Schwung genug für zwei. Schwung genug, um dem Ernst des Lebens ein Schnippchen nach dem anderen zu schlagen.

Michael seufzte. Der Schwung hatte mit den Jahrzehnten nachgelassen, ebenso wie die durchschnittliche emotionale Flughöhe. Aber als Ausgleich dafür war immerhin die Zahl der Abstürze zurückgegangen. Die wilden Schwestern Ekstase und Euphorie hatten sich mehr und mehr aus seinem Leben zurückgezogen, auch die Glücksmomente waren leider seltener geworden. Aber es gab sie noch, dann und wann. Und solange es sie geben würde, würde er auf die Frage, wer unter den Anwesenden das Leben lebenswert findet, ohne Zögern den Arm heben.

Es war davon auszugehen, daß seine gefühlte Lebensqualität in den noch vor ihm liegenden Jahren nachlassen würde. Doch er würde sie nicht widerstandslos zurückweichen lassen, sondern alles ihm Mögliche in die Waagschale werfen, um ihr Niveau zu halten.

Er würde sich angewöhnen, sich nach dem Aufwachen ab und zu die Frage zu stellen, welche Freude er an dem neuen Tag einem anderen Menschen machen könnte. Andreas hatte recht: Freude war das beste Gegengift gegen die Schlangenbisse des Alterns. Immer neue Freude. Auch wenn, oder gerade weil von all den magischen Momenten und intensiven Begegnungen der Vergangenheit nur noch Erinnerungen übrig waren, die mehr und mehr verblaßten. Auch wenn, oder gerade weil die meisten Freunde und Wegbegleiter andere Wege oder schon über den Jordan gegangen waren. Auch wenn, oder gerade weil er es im Leben zu nichts Größerem gebracht hatte als zu einem Gitarrenlehrer an einer privaten Musikschule.

Immerhin war er jetzt frei, völlig frei, und konnte tun und lassen, was er wollte. Das war ein Riesenluxus! Es gab keine Arbeitspläne und keine Pflichten mehr. Jeder neue Tag gehörte ihm. Der Rest seines Lebens gehörte ihm, und er war entschlossen, diese neue Freiheit zu genießen. Mit seiner Rente konnte er keine allzu großen Sprünge machen, aber sie langte für die Miete, für die Lebenshaltungskosten, für eine gelegentliche Reise und für die eine oder andere nicht unbedingt nötige Ausgabe.

Er ging zum Tisch zurück, ließ sich in den Sessel sinken und sagte sich, daß sein Geburtstag besser verlaufen war, als er es erwartet hatte. Er hatte das Beste daraus gemacht, wie er aus seinem bisherigen Leben das Beste gemacht hatte. Und er würde versuchen, es auch mit seiner Zukunft so zu halten.

Er betrachtete die Buddha-Statue auf dem Tisch: das Geburtstagsgeschenk seines alten Freundes, über das er sich sehr gefreut hatte und immer noch freute. Er nahm die schöne indische Sandelholz-Schnitzerei in die Hand und stellte fest, daß es dem Schnitzmeister gelungen war, dem Gesicht des Erleuchteten ein entspanntes, entrücktes Lächeln zu verleihen, das der Statue eine schöne Ausstrahlung gab.

Michael wußte, daß Andreas an dieser Statue hing, die er vor Jahrzehnten von seiner langen Indienreise mit nach Deutschland gebracht hatte. Es mußte schwierig für ihn gewesen sein, sich von ihr zu trennen, um sie seinem

Freund zu schenken. Andreas liebte schwierige Geschenke. Er war der Meinung, daß ein gemachtes Geschenk umso wertvoller war, je lieber man es eigentlich selbst behalten hätte. Andreas sprang gern über seinen eigenen Schatten und nannte es: dem Ego einen auf den Deckel geben.

Während Michael das lächelnde Gesicht des meditierenden Buddhas betrachtete, faßte er den Entschluß, Andreas' Ratschlag zu befolgen. Morgen würde er seiner grimmigen Nachbarin Agnes Bromme eine Freude machen. Er würde einen Fünfziger mit dem von Andreas angeregten Zweizeiler in einen Umschlag legen und ihn in ihren Briefkasten werfen. Oder vielleicht erstmal nur einen Zwanziger, um sich für den Anfang nicht zu überfordern. Dieser Entschluß verlieh ihm eine unverhoffte, fast übermütige Heiterkeit.

Sein Blick streifte unwillkürlich die Zeitanzeige im Display des CD-Spielers. Es war fünf vor zwölf. Sein Geburtstag würde in wenigen Minuten beendet sein.

Er stellte die Statue auf den Tisch zurück, stand auf und ging zum CD-Regal. Dort zog er eine Scheibe der Beatles heraus, legte sie in den Player und wählte den Song *When I'm Sixty-Four* an. Als die ersten Klänge des Oldies aus den Boxen schallten, schloß er die Augen und begann spontan, im Rhythmus der Musik zu tanzen.

Als er seine Augen wieder öffnete, sah er, daß Andreas wieder im Zimmer war und ein paar Schritte weiter ebenso selbstvergessen tanzte wie er, mit einem Lächeln im Gesicht.

Er tanzte mit seinem besten Freund lächelnd in den ersten Tag seines neuen Lebensjahres hinein! Auf den allerletzten

Drücker. Nicht, weil es so geplant gewesen war. Es hatte sich so ergeben. Aus dem Augenblick heraus. Und das war gut. Das war mehr als nur gut. Das waren die wertvollsten Minuten seines Geburtstags.

Lebe den guten Augenblick

Lebe den guten Augenblick,
genieße das schöne Gefühl,
vertage das Lebenswerte nie auf morgen.
Morgen kommt zu spät.
Das wahre Leben ereignet sich
immer in der Gegenwart.
Nur in der Tiefe des Augenblicks
findest du seinen Sinn
und seine Schätze.

Gedichte
und
Gedanken

Weil du mein Freund bist

Weil du mein Freund bist,
fühl ich mich heimisch
in dieser heimatsarmen Welt,
ist Einsamkeit ein Wort,
das ich längst vergessen habe,
und Reichtum etwas,
das ich in mir wachsen fühle.

Weil du mein Freund bist,
geht mir das Lächeln nicht aus,
weiß ich, zu wem ich gehe,
wenn ich kein Land sehe –
und bin glücklich,
daß ich dein Schweigen verstehe.

Weil du mein Freund bist,
schreibe ich diese Zeilen
auf ein Blatt Papier und schiebe es dir
durch den Spalt unter deiner Seelentür.

Deine wertvollsten Geschenke

Du schenkst mir deine Stunden
in einer Zeit, die es immer eilig hat,
schenkst mir deine Heiterkeit
in einer Welt, der es an Frohsinn fehlt,
schenkst mir dein Lachen in einem Leben,
dessen Ernst allgegenwärtig ist,
schenkst mir deine Nähe in einer Wirklichkeit,
die Abstand zwischen den Menschen schafft.

Doch für deine wertvollsten Geschenke,
die du mir immer schweigend gibst,
finde ich keine Beschreibung.
Aber du kannst den Sinn der Worte,
die ich nicht finde,
in meinem Blick entdecken –
die sprachlose Dankbarkeit,
dein Freund zu sein,
in meinem Lächeln.

Dank deiner Existenz

Dein festes Für-mich-Dasein
und dein beständiges Mir-nah-Sein
haben mich für dich eingenommen
und dir ein mietfreies Zimmer
in meinem Lebenshaus gesichert.

Weil du ehrlich und verläßlich bist,
durch dick und dünn mit mir gehst
und mich nie zum Narren hältst,
hab ich einen Narren an dir gefressen –
und weiß dank deiner Existenz:
Freunde sind Engel mit Adressen.

Reden genügt nicht

Um einem Menschen
wirklich nahe zu sein,
genügt es nicht,
mit ihm zu sprechen.
Du mußt auch schweigend
mit ihm reden können.

Freunde beschenken sich

Freunde beschenken sich gegenseitig
mit ihrem bloßen Zusammensein.
Ob sie miteinander reden oder schweigen:
Sie schaffen einen freien Raum,
eine eigene Welt, in der Gutes und Wertvolles
entstehen und geschehen kann.

Einen wahren Freund kann ich nicht verlieren,
denn unsere seelische Zusammengehörigkeit
führt uns immer wieder zueinander.

Freunde, die ich verloren habe,
waren keine Freunde, sondern nur Wegbegleiter.
Die Wege wahrer Freunde trennen sich nicht.

Ankommen

Ich würde so gern
bald wieder mit dir
lächeln und lachen,
gute Musik hören,
die Atmosphäre genießen,
deine Nähe spüren,
die Zeit anhalten
und die Freude
auf die Spitze treiben –

im Herz des Lebens ankommen
und eine gute Weile dort bleiben.

Unsere Reisen

Die Reisen,
die wir machten
in der Welt unserer Freundschaft,
werde ich nie vergessen:

denn mit dir unterwegs zu sein,
hieß für mich immer,
auf dem richtigen Weg zu sein.

Als du gegangen warst

Als du gegangen warst,
spürte ich dich noch
stundenlang in dem Raum,
den wir erfüllt hatten
mit Harmonie und Nähe.

Wir hatten uns
so viel Schönes gegeben,
daß es nicht gehen wollte,
als du gegangen warst.

Irrtum

Die Grenze
zwischen Freundschaft und Liebe
ist fließend.

Wer eine Mauer
zwischen sie setzt,
hat weder die Freundschaft
noch die Liebe verstanden.

Einfach dich

Würdest du mich fragen,
was ich mir von dir wünsche,
wäre meine Antwort:

einfach dich –
mit allem, was du gibst
und geben könntest,
mit allem, was du bist
und sein könntest.

Der

unsichtbare

Berg

In einem fernen Land machte in lange vergangenen Zeiten ein junger Mann mit dem Namen Ayron überall von sich reden.

Seine verblüffende Weisheit, seine vertrauenerweckende Ausstrahlung und seine Fähigkeit, den Vorhang des Scheinbaren zurückzuziehen und die Wirklichkeit dahinter sichtbar werden zu lassen, faszinierten die Menschen über alle Maßen. Er zog von Ort zu Ort, und immer mehr Männer und Frauen ließen wie verzaubert alles liegen und stehen und folgten ihm.

Er sprach zu ihnen von der Notwendigkeit, das wahre Leben zu entdecken, das auf jeden Menschen in der Tiefe seiner eigenen Seele wartet. Er redete von der befreienden Kraft der Liebe, von der erhebenden Erfahrung der unmittelbaren Gegenwart und von der Besteigung des unsichtbaren Berges. Seinen Gipfel zu erreichen hieß, zur höchsten Ebene des Bewußtseins zu gelangen, von der aus jeder Blick ins Herz des Lebens traf, jede Tat die richtige und jedes Wort das nötige war, von der aus erst der eigentliche Sinn des Seins erkennbar wurde.

„Ihr seid geboren, um wie Vögel zu fliegen", sagte Ayron seinen Zuhörern, „doch ihr hüpft herum wie Frösche. Ihr solltet arbeiten, um zu leben, doch ihr lebt, um zu arbeiten. Ihr solltet nachts schlafen und am Tag wachen, doch ihr schlaft in der Nacht und ihr schlaft am Tag. Ich möchte euch wecken, denn ich kann nicht mit ansehen, wie ihr eure wertvolle Lebenszeit vergeudet."

Mehr und mehr Menschen schlossen sich Ayron an, gebannt von seinem unvergleichlichen Auftreten und seinen eindringlichen Worten, und suchten seine Nähe, seine Hilfe, seinen Rat. Er nahm sich Zeit für jeden Suchenden, der zu ihm kam, und niemand ging von ihm ohne eine nie zuvor gefühlte tiefe Sehnsucht, die Ayron in ihnen allen auf rätselhafte Weise erweckte.

Keiner konnte sich erklären, wie ein so junger Mann ein derart hohes Maß an Weisheit und Hellsicht erlangt haben konnte. Was immer er auch verkündete, war klar und wesentlich, was immer er auch tat, hatte Anmut und Sinn, und er war zudem ein so guter Zuhörer, daß die Menschen ihm Worte sagten, die sie niemand anderem hätten anvertrauen können. Dabei strahlte er immer Kraft und Heiterkeit aus, nie sah man ihn betrübt, mißmutig oder verstimmt. Er war ein Licht in der Dunkelheit der Welt, um das sich die Menschen scharten.

Sie alle spürten, daß Ayron etwas Wunderbares erlebt hatte, das seine Augen ins Herz der Dinge sehen ließ. Sein offenes Ohr für alle Menschen, sein Verständnis für ihre Sorgen und Nöte, seine die Seele berührenden Antworten auf ihre Fragen machten ihn zu einem Mann, dessen bloße Gegenwart inspirierend und wohltuend wirkte.

Er forderte die Menschen zur Güte, zum Mitgefühl und zur Ehrlichkeit auf. „Wir alle sind Mitglieder einer großen Familie", sagte er, „und sollen füreinander da sein, anstatt gegeneinander zu arbeiten. Laßt Neid und Mißgunst nie in eure Herzen ein, denn sie vergiften euch und machen euer Leben zur Qual. Gönnt den anderen nicht nur ihre Vorzüge, sondern freut euch mit ihnen, denn hinter dem Vorhang unserer Verschiedenheit sind wir eins, und die

Schönheit deiner Schwester ist auch deine Schönheit, wie die Klugheit deines Bruders auch deine Klugheit ist. Wir alle sind kleine Mosaiksteine der Schöpfung, und wenn wir in Harmonie und Weisheit zusammenleben, werden wir einen inneren Reichtum und einen verborgenen höheren Sinn entdecken, der uns sprachlos vor Glück machen wird. Und die Welt wird strahlen im Glanz unserer Einsicht."

„Du sprichst wie ein Dichter", rief ein Mann aus der Menge, „und deine Worte berühren mein Herz. Aber die Welt ist voller Kampf, Krieg und Haß, im großen wie im kleinen. Sie war schon immer so, und nun kommst du und sagst, daß wir einen Ort des Friedens und der Harmonie aus ihr machen sollen. Ich fürchte, so einfach ist das nicht."

„Ich behaupte nicht, daß es einfach ist, aber es ist möglich. Wir haben es nur noch nicht wirklich versucht. Wir leben zu oberflächlich, richten unser Begehren auf fragwürdige Ziele und falsche Werte. Wenn wir uns sammeln, uns auf das Wesentliche konzentrieren und in die Tiefen unserer Seelen tauchen, werden wir unsere Irrtümer erkennen und unsere sinnlosen Kämpfe und Kriege einstellen. Denn wir sind geboren, um einander zu lieben. Der Haß ist eine Krankheit der Seele – und die Einsicht, daß wir alle Kinder der Schöpfung sind, wie die Wellen Kinder des Meeres sind, ist die Medizin, die den Haß besiegt, Krieg und Kampf beendet und unsere Seclen für immer von der Dunkelheit befreit. Viel zu lange haben wir Geld und Besitz über Liebe und Mitgefühl gestellt. Doch wir haben die

Aufgabe, aus den Fehlern unserer Vorfahren zu lernen. Laßt uns heute damit beginnen, unser Leben neu zu gestalten und den Weg ans Licht zu gehen! Wir haben schon zu viel Zeit im Dunkel des Irrtums vergeudet!"

Bald wurde Ayrons Gefolgschaft so groß, daß sie den Argwohn des Landesherrschers Rabaan erregte.

Rabaans General berichtete dem Herrscher, ein junger Mann namens Ayron habe Hunderte von Menschen um sich geschart und ziehe mit ihnen durchs Land. Täglich wachse die Zahl seiner Anhänger. Er spreche zu ihnen vom höchsten Sinn des Lebens, von der Wahrheit hinter dem Anschein und immer wieder von einem angeblich unsichtbaren Berg, den es zu besteigen gelte.

Rabaan überlegte eine Weile und fragte seinen General: „Wo ist dieser Ayron jetzt?"

„Zur Zeit rastet er am Ufer des Grünen Sees. Um ihn herum haben sich Hunderte von Menschen versammelt, und er spricht mit jedem von ihnen wie zu einem Freund. Zwei meiner Kundschafter haben sich unauffällig unter sie gemischt und beobachten sie. Sie verhalten sich allesamt freundlich und friedlich. Manche wirken sogar regelrecht glücklich."

Der Herrscher lachte spöttisch. „Kinder! Die Menschen sind wie Kinder. Sie wollen, daß man ihnen Märchen erzählt, dann sind sie glücklich."

Sein Gesicht wurde schnell wieder ernst. „Aber vielleicht ist dieser Märchenerzähler ein verkappter Aufrührer?

Heute hat er hundert Anhänger, morgen sind es vielleicht schon tausend, und übermorgen verfügt er über eine Armee, die meinen Palast belagern könnte. Vielleicht hortet er Waffen in einem Versteck? Ich werde diesem Ayron einen Besuch abstatten und seine Gesinnung prüfen. Ist sie von harmloser Art, lasse ich ihn gewähren. Soll er von seinem unsichtbaren Berg schwärmen und die Menschen mit seinem Geschwätz betören! Das Volk liebt Narren seiner Art, sie geben ihm Träume, und diese Träume halten es davon ab, sich gegen mich aufzulehnen. Morgen bei Sonnenaufgang brechen wir auf. Fünfhundert Soldaten werden uns begleiten!"

Der General verneigte sich, ging und traf die erforderlichen Vorbereitungen.

Am Nachmittag des nächsten Tages erreichte der Herrscher mit seinen berittenen Soldaten den Grünen See, an dessen Ufer zahllose Menschen lagerten.

Rabaan nickte seinem neben ihm reitenden General zu, worauf dieser den Befehl zum Anhalten gab.

„Es sind mehr als tausend", sagte der Herrscher beeindruckt. „Gehe zu diesem Ayron", befahl er seinem General, „und sage ihm, daß ich auf ihn warte – dort, bei dem höchsten Baum am Seeufer. Niemand soll sich in unserer Nähe aufhalten. Wenn ich davon überzeugt bin, daß Ayron tatsächlich ein Aufrührer ist, werde ich nicht zögern, ihn mit eigener Hand zu töten. Stelle die Soldaten so auf, daß sie mich gegen den möglichen Zorn seiner Anhänger abschirmen!"

Nach diesen Worten stieg Rabaan von seinem Pferd und ging entschlossen zu dem von ihm gewählten Treffpunkt.

Der General gab seine Befehle. Dann bahnte er sich einen Weg durch die Menschenmenge, bis er vor Ayron stand.

„Meinen Glückwunsch!" sprach er ihn an. „Du hast das Interesse des Landesherrschers erweckt. Rabaan will mit dir reden. Er erwartet dich am Ufer, dort bei dem höchsten Baum."

„Ich werde kommen", antwortete Ayron und sah dem General offen in die Augen.

Plötzlich kam der General sich inmitten der bunt gekleideten, unbeschwerten Menschen lächerlich vor in seiner grauen Uniform, was ihm zuvor noch nie geschehen war. Er wandte sich verwirrt um und ging mit schnellen Schritten zu seinen Soldaten, die sich kampfbereit in einem großen Halbkreis um den Baum am Seeufer postiert hatten. Auch sie erschienen ihm auf einmal lächerlich in ihrer Angst vor den friedlichen, unbewaffneten Menschen.

Der General schüttelte heftig den Kopf, als wolle er damit sein Unbehagen vertreiben.

Rabaan kam ohne Umschweife zur Sache, wie es seine Art war. „Ich habe viel von dir gehört, Ayron, und ich weiß nicht recht, was ich von dir halten soll. Also frage ich dich frei heraus: Was für ein Mensch bist du?"

Ayron lächelte. „Nicht so einer wie du."

„Und was für ein Mensch bin ich?"

„Einer, der nicht weiß, wer er ist. Wer das weiß, fragt andere nicht danach."

Rabaans Blick verriet Unmut, doch seine Stimme blieb ruhig: „Verschone mich mit Spitzfindigkeiten, und gib mir eine klare Antwort auf meine Frage!"

„Ich habe dir eine klare Antwort gegeben. Ich bin nicht wie du, Rabaan. Dich interessiert die Macht des Menschen über andere Menschen. Mich interessiert die Macht des Menschen über sich selbst. Du weißt nicht, wer du bist, weil du deinen Blick immer nur nach außen richtest, nie nach innen. Aber auch innen ist eine Welt, eine ganz andere Welt als jene, die du regierst."

Der Herrscher fühlte sich seltsam berührt von Ayrons Worten, ließ sich aber keine Gefühlsregung anmerken. Er blickte dem jungen Mann scharf in die Augen und fragte: „Was hast du vor? Ich denke, du kennst die Gesetze, vor allem dieses: Wer Menschen aufwiegelt und zum Aufruhr anstachelt, wird wegen Landesverrats mit dem Tod bestraft."

„Ich kenne die Gesetze, aber deine Angst ist unbegründet. Ich habe kein Interesse an weltlicher Macht. Ich will nur den Menschen helfen, ein wirkliches Leben zu führen. Ich will sie ermutigen, den unsichtbaren Berg ihres eigenen Bewußtseins zu besteigen, weil sie nur von seinem Gipfel aus die ganze Wahrheit des Lebens erkennen. Sie leben im dichten Nebel der Täuschung und Selbsttäuschung und sehen kaum die Hand vor Augen. Auf dem Gipfel des unsichtbaren Berges gibt es keinen Nebel mehr. Die Sicht ist klar."

Der Herrscher war gegen seinen Willen beeindruckt von Ayrons Blick. Nie zuvor hatte er in so klare und freie Augen gesehen. „Dein geheimnisvoller Berg, falls es ihn überhaupt gibt: Wo steht er?"

„Er steht für jeden an einem anderen Ort, und jeder muß seinen eigenen Weg zu ihm finden. Der Berg ist auch für jeden ein anderer, obwohl es im Grunde ein und derselbe ist. Aber das erkennt man erst auf seinem Gipfel."

Rabaan fragte sich, ob er einen Weisen oder einen Narren vor sich hatte. Er neigte eher dazu, in Ayron einen Narren zu sehen, dessen Harmlosigkeit allerdings noch nicht erwiesen war. So ging er auf Ayrons rätselhafte Worte ein. „Gut, aber wenn ich nicht weiß, wo der unsichtbare Berg steht, kann ich ihn unmöglich finden."

„Du bist ihm bereits sehr nahe", sagte Ayron leise. „Der Weg zu mir hat dich auch zu ihm geführt."

Rabaan verbarg seine Überraschung und fragte nach kurzem Zögern: „Was siehst du vom Gipfel dieses Berges aus, wenn du mich betrachtest?"

„Daß du erwägst, mich zu töten."

Rabaan erschrak. Konnte Ayron Gedanken lesen? Er blickte dem jungen Mann erneut in die Augen. Waren dies die Augen eines Sehers, der in die Zukunft blickte und seinen eigenen Tod voraussah?

„Warum sollte ich dich töten, Ayron, wenn du, wie du sagst, meine Macht nicht bedrohst?"

„Damit du den unsichtbaren Berg nicht besteigen mußt. Denn ich werde dich dazu bringen, weil dies meine Berufung ist. Du spürst bereits seine Nähe und bekommst

Angst vor der Wahrheit auf dem Gipfel – Angst vor der Erkenntnis, daß deine Macht über die Menschen dieses Landes nur ein schaler Ersatz für etwas ist, was dir fehlt: Macht über dich selbst."

Rabaan wich erschrocken vor der Wahrheit in Ayrons Worten innerlich zurück – und berührte dabei den unsichtbaren Berg.

Eine fast unwiderstehliche Sehnsucht, ihn augenblicklich zu besteigen, durchströmte seine Seele, doch dann gewannen sein Verstand und seine Angst wieder die Oberhand.

Er stieß die Sehnsucht mit aller Kraft von sich und schrie Ayron an: „Wie redest du mit mir? Dein Leben liegt in meiner Hand! Du sprichst zu den Menschen von innerer Befreiung. Vielleicht meinst du damit auch die Befreiung von der Obrigkeit? Vielleicht träumst du vom Ende der Herrschaft des Menschen über den Menschen?"

Ayron schwieg.

„Antworte mir sofort!" befahl der Herrscher. „Und antworte gut!"

„Was immer ich auch sage – du wirst es anzweifeln. Worte können täuschen. Du aber willst Sicherheit. Sicherheit verspricht nur mein Tod, nicht wahr? Sieh, ich kann mich nicht wehren, ich trage keine Waffe. Ich bin ein Mann des Friedens. Wenn du mich tötest, werden meine Freunde sich nicht gegen dich erheben, um meinen Tod zu rächen. Sie sind sehnsüchtig, nicht rachsüchtig. Sie werden um mich trauern und mich in ihren Herzen weiterleben lassen. Sie werden dich verachten, aber das wird dich nicht um den Schlaf bringen."

Rabaan schüttelte ratlos den Kopf: „Was bist du – ein Heiliger oder ein Narr? Vielleicht sollte ich dich töten, denn du könntest mir gefährlich werden, wenn immer mehr Menschen dir folgen. Heute bist du noch ein Mann des Friedens, doch morgen vielleicht schon verdirbt dich die Macht über deine Anhänger, und du wirst zu einem Mann des Krieges, des Krieges gegen mich."

„Ich werde immer ein Mann des Friedens sein. Doch wenn du mir nicht glauben kannst, dann töte mich!"

Rabaans Gesicht widerspiegelte seinen inneren Kampf zwischen der Angst vor Ayron und der Hochachtung vor ihm, die er in der kurzen Zeit ihres Gesprächs gewonnen hatte.

Schlagartig gewann seine Angst die Oberhand. Mit einer heftigen Bewegung riß er seinen Dolch aus der Scheide.

Die Blicke der beiden Männer trafen sich, und die Zeit stand still.

Zu seiner Verwunderung fand Rabaan keine Spur von Angst in Ayrons Augen. Der Blick des jungen Mannes war ruhig wie die Oberfläche des Grünen Sees.

Plötzlich war es dem Herrscher, als blicke er mit nie erahnter Klarheit in seine eigene Seele. Mit unerbittlicher Genauigkeit sah er die Fratzen seiner Angst, seiner Machtsucht, seines Mißtrauens, sah die trostlose Ruine seines Gewissens, erkannte die hohe Mauer um sein Herz und fühlte mit einem inneren Frösteln die ganze Kälte seines Daseins.

Eine unwiderstehliche Sehnsucht, sein Leben von Grund auf zu verändern, überwältigte ihn. Wie ein aufgewachter Schlafwandler starrte er auf die tödliche Waffe in seiner Hand, als sähe er sie zum ersten Mal in seinem Leben. Mit einem Schrei des Abscheus vor sich selbst warf er den Dolch in den See.

Ayron lächelte aus tiefster Seele. Der Herrscher hatte begonnen, den unsichtbaren Berg zu besteigen.

„Du hast mich auf eine Weise überzeugt, die ich nicht für möglich gehalten hätte", brach Rabaan mit unsicherer Stimme das lange Schweigen. „Du hast mir einen Spiegel vorgehalten, in dem ich die Armut meines inneren Lebens erkannt habe, und ich muß dir dafür danken. Ich verstehe jetzt, warum dir so viele Menschen folgen, und ich weiß, daß du mich in keiner Weise bedrohst. Ich möchte dich bitten, mir deine Geschichte zu erzählen. Woher kommst du? Wie bist du zu dem geworden, der du bist?"

„Ich stamme aus einer redlichen, einfachen Familie. Mein Vater ist Heilkundiger, meine Mutter arbeitet als Näherin. Ich hatte schon in meiner Jugend den Drang, die Geheimnisse des Lebens zu erforschen. Und ich ahnte, daß ich die Antworten auf meine brennenden Fragen nach dem Sinn des Lebens und des Todes nur auf dem Grund meiner eigenen Seele finden würde. Im Alter von achtzehn Jahren begann ich mit meiner Suche. Jeden Abend stieg ich den Hügel vor unserem Dorf empor, ließ mich auf seinem Gipfel nieder und tauchte in die Tiefen meiner Seele ein."

„Was hast du dabei entdeckt?"

„Am Anfang nicht viel. Oft störten alltägliche Gedanken die Stille in mir, ein jäher Windstoß, der Schrei eines Vogels. Doch mit der Zeit gelangte ich in immer tiefere Schichten meines Wesens, wo keine Gedanken und keine Geräusche mich mehr erreichen konnten. Ich empfand eine heitere Gelassenheit in mir, eine wunderbare Leichtigkeit. Doch ich fand keine Antworten auf meine tiefsten Fragen."

Ayron blickte auf den Grünen See hinaus. „Niemand weiß, wie tief dieser See in seiner Mitte ist. Und niemand kennt seine eigene Tiefe, solange er sie nicht ausgelotet hat. Fünf Jahre waren vergangen, und ich fühlte, daß ich zwar schon tief, aber noch lange nicht auf den Grund meiner Seele getaucht war, um die Antworten zu finden, die dort wie ein versunkener Schatz auf mich warteten. Also stieg ich weiter jeden Abend auf den Hügel vor dem Dorf. Weitere fünf Jahre verstrichen, in denen ich tiefer und tiefer in mich ging und dabei immer mehr Frieden und Stille in mir fand, aber nicht die ersehnten Antworten."

„Ich bewundere dich, Ayron. Wer sich Tag für Tag zehn Jahre lang in Versenkung übt, ohne zu finden, was er eigentlich sucht, hat die Sehnsucht eines Verdurstenden nach Wasser, die Kraft eines Löwen und die Ausdauer eines Zugvogels."

„Ja – aber nach diesen zehn Jahren schwanden meine Kraft und meine Ausdauer, während meine Zweifel an der Richtigkeit meines Weges wuchsen. Nur meine Sehnsucht war noch so groß wie zu Beginn meiner Suche, und ihr allein habe ich wohl zu verdanken, daß ich nicht kurz vor dem Ziel aufgegeben habe."

Ayron ließ erneut seinen Blick über die Oberfläche des Grünen Sees schweifen, während Rabaan gebannt darauf wartete, daß er weitersprach.

„Vor einem Jahr stieg ich mit dem festen Willen auf den Hügel, nicht eher von seinem Gipfel zu weichen, bis ich den Grund meiner Seele erreicht haben würde. Ich sammelte meine letzten Kräfte und kehrte in immer tiefere Versenkung ein. Ich saß bis tief in die Nacht hinein. Es war eine klare Vollmondnacht, die Sterne schienen zum Greifen nah. Und plötzlich geschah es!"

Rabaan konnte seine Ungeduld nicht zügeln. „Was geschah?"

„Ein Wesen aus Licht erschien plötzlich vor mir, das übermenschliche Schönheit, Güte und unendliche Weisheit ausstrahlte. Es hatte die Gestalt eines Menschen, aber es bestand aus reinem, sich in ständigem Fluß befindlichen Licht. Und es sprach zu mir: ‚Ich bin gekommen, um deine Sehnsucht zu stillen. Ich werde dir die Antworten schenken, die du schon so lange suchst, doch du darfst sie nicht für dich behalten. Du sollst ein Jahr lang durchs ganze Land ziehen und den Menschen bei ihrer Suche nach dem tiefsten Sinn des Lebens helfen. Dann wirst du dich niederlassen. Jemand wird dir aus Dankbarkeit ein Haus bauen, und dieses Haus wird deine Bleibe und ein Ort sein, zu dem alle Suchenden kommen können, die deiner Hilfe bedürfen.' Nun schwebte das wunderbare Lichtwesen auf mich zu und umarmte mich. Dabei hatte ich das überwältigende Gefühl, als würde sein Licht in meine Seele einströmen. Ich wurde von unsagbarer Glückseligkeit übermannt und fiel in eine Ohnmacht oder einen tiefen Schlaf. Als ich erwachte, ging die Sonne am Horizont auf – und auch am Himmel meiner Seele. Am nächsten Tag verließ ich mein Dorf und machte mich auf den Weg durch das Land. Den Rest meiner Geschichte kennst du."

„Bist du diesem engelhaften Wesen wahrhaftig begegnet, oder war es eine Vision? Oder bist du im Sitzen eingeschlafen und hast alles nur geträumt?" fragte der Herrscher.

„Ich weiß es nicht", gestand Ayron. „Vielleicht war es eine wirkliche Erfahrung, vielleicht eine Vision, womöglich auch nur ein Traum. Aber im Grunde ist es mir einerlei, wie mein Erlebnis zu erklären ist, denn es hat mich zum Ziel meiner Suche geführt. Und darauf kommt es letztlich an."

Lange schwiegen die beiden so unterschiedlichen Männer. Schließlich sagte Rabaan: „Ist dies nicht ein wunderschöner Ort?"

„Ja", antwortete Ayron und lächelte, denn er ahnte, was der Herrscher als nächstes sagen würde.

„Dann will ich hier am Ufer des Grünen Sees ein Haus für dich bauen lassen, das ich dir schenken werde. Dort will ich dich einmal im Monat besuchen", fuhr Rabaan fort, „und dich um deinen Rat bitten, wenn es für mich gilt, schwierige Entscheidungen zum Wohl meines Landes und Volkes zu treffen. Ich habe gute Berater mit Erfahrung, Wissen und scharfem Verstand, aber ihnen allen fehlt etwas, das du hast."

„Ich werde dir so gut helfen, wie ich es vermag", versprach Ayron.

Von diesem Tag an begann das Leben im Land des Herrschers aufzublühen, und die wachsende Zufriedenheit der Menschen bescherte seinem Volk die glorreichste Zeit seiner Geschichte.

Rabaan benutzte seine Macht mit Weisheit und Weitsicht. Er besiegte die Armut, schlichtete die Fehden zwischen lang verfeindeten Fürsten, stiftete Frieden im ganzen Land und schaffte die Leibeigenschaft und die Todesstrafe ab.

Mit den Jahren verschwanden Gewalt, Gier und Neid aus den Herzen der Menschen. Die einst überfüllten Kerker und Verliese leerten sich und verfielen zu Ruinen, zu Mahnmalen einer vergangenen Zeit.

Große Dichter, Philosophen, Musiker und Maler traten hervor und schufen unsterbliche Werke, die weit über die Landesgrenzen hinaus wirkten.

Zwanzig Jahre nach der ersten Begegnung zwischen dem Herrscher und dem Propheten, die mit den Jahren gute Freunde geworden waren, saß Rabaan mit Ayron auf der Terrasse seines Hauses am Ufer des Grünen Sees und sagte zu ihm: „Nun hast du doch die Macht über mich und mein Land gewonnen, denn es ist durch deinen segensreichen Einfluß in eine ungeahnte Blütezeit eingetreten. Und ich hatte so viel Angst davor, daß ich dich fast getötet hätte! Wie blind ich doch war! Du hast mir die Augen geöffnet, und ich werde dir nie genug dafür danken können!"

Ayron schüttelte lächelnd den Kopf. „Wir beide schulden dem Schicksal Dank. Es hat uns zusammengeführt, um uns zu lehren, daß Macht und Einsicht keine Erzfeinde sein müssen. Sie können Hand in Hand gehen – und nur dort, wo sie es auch tun, werden Zufriedenheit und Glück das Leben der Menschen erfüllen. Laß uns zu dem Baum gehen, an dem wir uns kennengelernt haben! Ich will dir etwas zeigen."

Gemeinsam gingen die beiden Freunde zu dem Ort ihrer schicksalhaften Begegnung.

„Damals, als du deinen Dolch, mit dem du mich töten wolltest, in den See geworfen hast, erkannte ich, daß du mit ihm zugleich die Gewalt und Willkür in deiner Seele und in deinem Land von dir abgeworfen hattest. Gestern saß ich unter dem Baum, bei dem du mich zur Rede gestellt hast, und schaute auf die Stelle, an der dein Dolch in den See gefallen war. Nun sieh selbst, was dort geschehen ist", sagte Ayron und streckte seinen Arm aus.

Rabaan folgte Ayrons Aufforderung und erblickte auf der Wasseroberfläche die schönsten Lotusblumen, die er jemals gesehen hatte.

Lesen

Das Leben durch die Augen
eines anderen Menschen betrachten
und dadurch seine eigenen schärfen:
Lernen durch Miterleben,
Verstehen durch Mitempfinden,
Erkennen durch Mitdenken,
Träumen mit offenen Augen.

Weisheitsgeschichten

Das Spiel der Flammen

Zwei Pensionäre, die schon ihr Leben lang befreundet waren, saßen bei einem Glas Wein gemütlich am Kaminfeuer.
„Alles geht den Bach runter", sagte der eine mit betrübter Miene.

„Wie meinst du das?"

„Nicht nur der Körper läßt nach, auch die Gefühle werden schwächer. So wie ich zu körperlichen Anstrengungen, die ich als junger Mann leicht gemeistert habe, heute nicht mehr fähig bin, ist auch meine emotionale Kraft geschwunden. Große Gefühle sind etwas für junge Menschen, nicht mehr für uns alte."

„Was den Körper betrifft, stimme ich dir zu", erwiderte sein Freund. „Aber die Kraft des Herzens läßt nicht nach im Alter. Man kann als alter Mensch ebenso intensiv lieben wie als junger."

„Ach, du machst dir doch nur etwas vor, anstatt dem Kräfteschwund auf allen Ebenen ins Gesicht zu schauen", hielt ihm der andere entgegen. „Aber manchmal ist es ja auch hilfreich, sich ein bißchen selbst zu belügen."

„Ich mache mir nichts vor", stellte sein Freund fest. „Ich habe nur einen Trick, der sehr gut funktioniert."

„Magst du ihn mir verraten?"

„Gern", sagte der andere und lachte. „Ich verliebe mich jeden Tag aufs neue."

„Ach komm! Das glaubst du doch selber nicht."

„Ins Leben", präzisierte der Freund. „Jeden Morgen, wenn ich aufstehe, sage ich mir: Dieser Tag ist einzigartig! Einen

Tag wie heute habe ich noch nie erlebt! Er ist neu und frisch. Er könnte wunderschön sein. Und er wird um so schöner sein, je offener ich auf ihn zugehe und je zärtlicher ich mit ihm umgehe."

Ein langes Schweigen entstand, in dem nur das Knistern des Feuers im Kamin zu hören war. Wie gebannt blickten die beiden alten Freunde in das Spiel der Flammen, das immer neue Formen annahm, das sich in keiner einzigen Regung wiederholte und mit immer neuen Bewegungen tanzte.

Ein guter Grund

Ein sensibler Junge, der die meisten Erwachsenen für Heuchler hielt, hatte sich das Rauchen angewöhnt.

Da seine Eltern ihn nicht davon abbringen konnten, baten sie einen gemeinsamen Freund um Hilfe, von dem ihr Sohn eine hohe Meinung hatte.

Der Freund versprach zu helfen, doch sein Besuch ließ auf sich warten. Erst nach einem Monat erschien er und sprach mit dem Jungen.

Eine Woche darauf besuchten die dankbaren Eltern ihren Freund. Der Vater sagte: „Mein Sohn hat seit dem Gespräch mit dir keine Zigarette mehr angerührt. Wie immer du das auch geschafft hast – wir möchten dir danken. Nur – warum hast du uns so lange warten lassen?"

„So lange habe ich gebraucht", antwortete der Freund, „um mir das Rauchen abzugewöhnen."

Das Geheimnis der Leichtigkeit

Zwei Freunde saßen vor einem Kaminfeuer zusammen. Nach einem längeren Schweigen räusperte der ältere sich und fragte: „Was ist eigentlich dein Geheimnis?"

„Welches Geheimnis?"

„Das Geheimnis deiner Leichtigkeit. Ich kenne niemanden, der so beschwingt durchs Leben geht wie du. Wie machst du das?"

„Ich mache nichts. Es geschieht irgendwie von selbst. Vielleicht liegt es in meinen Genen."

„Du hast also keine Strategie, keine Philosophie?

„Ich habe schon eine Art Philosophie", sagte der jüngere nach kurzem Nachdenken. „Ihre Basis ist eine Erfahrung, die ich als junger Mann gemacht habe. Die erste Frau, die ich liebte, verließ mich von heute auf morgen, ohne mir einen Grund dafür zu nennen. Ich begann zu leiden und zu grübeln und zwang mich schließlich, die traurige Tatsache zu akzeptieren, daß nichts im Leben Bestand hat. Es ist immer in Bewegung und in permanentem Wandel begriffen. Alles beginnt und endet irgendwann. Gefühle entstehen und vergehen. Alles im Leben ist provisorisch, wie das Leben selbst."

„Das klingt, als hättest du den Schmerz des Verlassenwerdens mit philosophischen Gedanken über das Leben überwunden. Einfach so."

„Also, einfach war es ganz und gar nicht. Der Schmerz saß tief, aber ich wollte nicht jeden Tag aufs neue apathisch auf dem Sofa liegen und leiden. Im Grunde habe ich mich mit meinen Grübeleien über die Vergänglichkeit von meinen verletzten Gefühlen abgelenkt, die ja nicht unbedingt schneller heilen, wenn man sich voll und ganz auf sie konzentriert. Und diese Ablenkung erwies sich letztlich als hilfreich, weil ich viel daraus gelernt habe."

„Und was hast du gelernt?"

„Daß es angesichts der Flüchtigkeit des Lebens und der Gefühle völlig natürlich ist, wenn Liebe vergeht. Und daß es keinen Sinn hat, gegen das Natürliche zu kämpfen. In einem solchen Kampf hat man keine Chance. Irgendwann sagte ich mir, daß ich froh sein sollte, diese Liebe erlebt zu haben, anstatt deprimiert darüber, daß sie zu Ende gegangen war."

„Und das hat dir geholfen, darüber hinwegzukommen?"

„Ja, es hat mir geholfen. Das ist jetzt schon zwanzig Jahre her. Seitdem halte ich nichts mehr für selbstverständlich. Ich genieße alles Gute, das mir begegnet, ich umarme es, aber ich klammere mich nicht daran fest, wenn es wieder geht. Ich habe mich innerlich der Vergänglichkeit und Flüchtigkeit des Lebens angepaßt. Ich habe keine Erwartungen mehr, daß etwas Schönes, das ich heute erlebe, auch morgen noch schön ist. Als meine Freundin mich verließ, war es wie ein Stich ins Herz. Aber letztlich hat dieser Stich mich aus dem Schlaf meiner Illusionen über die Natur des Lebens geweckt und eine solide Gelassenheit in mir hervorgerufen. Womöglich vermittelt diese dir den Eindruck einer gewissen Leichtigkeit."

Der ältere der Freunde nickte nachdenklich. „Vielleicht ist es das wirklich. Ich betrachte das Leben eher als einen

Kampf. Vielleicht komme ich mir deshalb manchmal so schwerfällig vor. Warum hast du damals eigentlich nicht um die Liebe deiner Freundin gekämpft?"

„Warum hätte ich es tun sollen? Diese Liebe war verblüht. Meine Freundin sagte es mir klipp und klar, und ich spürte es deutlich."

„Aber manchmal muß man um die Gefühle eines Menschen kämpfen, der einem wichtig ist."

„Bestimmt gibt es Situationen, in denen das sinnvoll ist. Etwa wenn Gefühle noch leben, aber nicht wissen, in welche Richtung sie sich bewegen sollen. Doch wenn sie ihre Zeit gehabt haben, kann kein Wollen und kein Kämpfen ihnen ihr Leben zurückgeben. Dann muß man akzeptieren und loslassen."

„Und woran merkst du, ob Gefühle noch leben oder schon tot sind?"

„Ich spüre es", war die Antwort, „Ich spüre es in meiner Seele, wenn ich mich tief genug in sie sinken lasse. Auf dem Grund der eigenen Seele finde ich früher oder später Antworten auf alle Fragen, die das Leben mir stellt."

Freundschaft braucht ein weites Herz

„Warum ist es so schwer, einen wirklich guten Freund zu finden?" fragte ein junger Mann einen Meister der Weisheit.

„Was verstehst du unter einem wirklich guten Freund?" war die Gegenfrage.

„Nun ja, darunter verstehe ich einen Menschen, den ich mag, dem ich vertrauen kann. Der ehrlich zu mir ist und es gut mit mir meint. Der mich erkennt und zu schätzen weiß. Und der auch dann zu mir steht, wenn es mir mal nicht so gut geht."

„Ich stimme dir zu, daß es sehr schwierig ist, einen guten Freund in dieser Welt zu finden, weil ihre Beschaffenheit die Freundschaft zwischen den Menschen nicht fördert, sondern eher behindert", sagte der Weise. „Wir leben in einer Welt des Wettbewerbs, in der jeder den anderen übertreffen will. Die Menschen werden von der Gesellschaft zu Egoisten erzogen, die zuallererst an sich denken, an ihren Erfolg, ihren Vorteil, ihren Nutzen. Und deshalb fällt es ihnen schwer, echte Freundschaft zu empfinden, denn sie erfordert die Fähigkeit, den anderen genauso zu lieben wie sich selbst. Egoismus erlaubt keine echte Freundschaft. Wenn jemand immer vor allem an sich selbst denkt, wird sein Herz eng. Aber Freundschaft braucht ein weites Herz."

„Deine Worte sind nicht gerade ermutigend", klagte der junge Mann.

„Es ist nicht meine Aufgabe, ermutigend zu sein", erklärte der Meister, „sondern dir auf deine Frage so wahrhaftig wie möglich zu antworten. Ich habe ja nicht gesagt, daß Freundschaft unmöglich ist. Allerdings wirst du Glück brauchen, in unserer Ellenbogengesellschaft einen Menschen zu finden, der nicht vom Virus der Selbstsucht infiziert ist. Aber warum sollst du dieses Glück nicht haben?"

„Ich danke dir, daß du mir zumindest ein wenig Hoffnung läßt", sagte der Besucher. „Kannst du mir vielleicht auch sagen, wie ich am besten einen Freund finde?"

„Indem du ihn nicht allzu sehr suchst", antwortete der Meister. „Ein scheinbarer Zufall wird dich zu ihm führen. Ein Weg, den du ursprünglich vielleicht gar nicht gehen wolltest. Eine spontane Entscheidung, ein unverhoffter Impuls. Halte dich einfach nur offen für die Freundschaft, die du dir wünschst! Deine Offenheit wird der Kompaß auf deiner Suche sein."

Der nicht abgeschickte Brief

An einem kalten Wintertag besuchte eine Frau um die Vierzig einen Witwer in ihrer Nachbarschaft, den sie mit den Jahren als vertrauenswürdigen, liebenswerten Menschen und guten Ratgeber kennengelernt hatte. Als einen Mann, den sie ohne Zögern als einen Freund bezeichnen konnte.

Er bat sie freundlich hinein und bot ihr einen Sessel am offenen Kaminfeuer an. Als er sie nach dem Grund ihres Kommens fragte, gestand sie ihm, daß eine bestimmte Frage schon seit Monaten an ihr nagte, die sie am Tag nicht zu Ruhe kommen ließ und nachts um den Schlaf brachte.

Auf die Frage ihres Freundes, was sie so sehr quälte, antwortete sie: „Das ist ein Problem, von dem ich noch niemandem erzählt habe. Es hat mich einige Überwindung gekostet, damit zu dir zu kommen. Aber ich muß unbedingt einem Menschen davon erzählen. Bitte laß es unser Geheimnis sein."

Ihr Freund sicherte seine Verschwiegenheit zu.

„Vor fünf Jahren lernte ich auf einer Reise einen Mann in meinem Alter kennen. Wir entdeckten gemeinsame Vorlieben und Interessen und freundeten uns an. Wir führten lange, gute Gespräche und begannen, Vertrauen zueinander zu entwickeln. Eines Tages verliebten wir uns ineinander und spürten, daß unsere Liebe etwas ganz Besonderes war. Doch diese Liebe war eine verbotene Frucht, denn mein Liebster ist verheiratet und hat ein Kind, das schon dreizehn Jahre alt ist. Immer wieder versuchten wir deshalb, den Kontakt zueinander abzubrechen. Es gelang uns auch, einmal sogar anderthalb Jahre lang. Doch wir fanden stets wieder zueinander und gestanden uns, daß nicht ein einziger Tag vergangen war, an dem wir nicht aneinander gedacht hatten. Unsere Liebe wollte sich einfach nicht verbieten oder vergessen lassen."

Die Frau atmete tief durch und seufzte. „Ich habe ihm so oft gesagt, daß er ehrlich zu seiner Frau und seinem Kind sein müsse. Doch dazu hatte er nicht den Mut. Eines Tages schrieb ich ihm, daß ich mich in einen anderen Mann verliebt hätte. Er akzeptierte das und kämpfte nicht um meine Liebe, weil er wußte, daß er ohnehin nicht die Kraft haben würde, seine Familie zu verlassen. Aber ich hatte mich gar nicht in einen anderen Mann verliebt. Ich hatte es ihm nur geschrieben, um von ihm loszukommen. Um mich von der Versuchung zu befreien, ihn immer aufs neue zu kontaktieren."

„Du hast ihn also angelogen!"

„Ja, aber es war eine Notlüge. Doch sie konnte mich nicht aus der Not befreien, in die meine aussichtslose Liebe mich gebracht hatte. Denn die Sehnsucht quälte mich weiter. Nicht nur die Sehnsucht nach ihm, sondern auch die Sehnsucht nach der Wahrheit. Ich fand nachts keinen Schlaf, weil ich mich im Bett wälzte und mit meinem Bedürfnis kämpfte, seiner Frau alles zu erzählen. Schließlich schrieb ich ihr einen langen Brief, in dem ich mich bei ihr entschuldigte und ihr die Wahrheit offenbarte."

„Wofür hast du dich bei ihr entschuldigt?"

„Nun ja, schließlich wußte ich, daß er eine Familie hatte, als ich mich in ihn verliebte. Aber eigentlich war es doch er, der seine Ehe gebrochen hatte."

„Zu einem Ehebruch gehören immer zwei", sagte der Freund. „Wie hat seine Frau auf deinen Brief reagiert?"

„Ich habe mich nicht getraut, ihn abzuschicken. Ich hatte Angst, daß diese zehn handgeschriebenen Seiten seine Familie zerstören würden. Nun liegt der Brief seit Monaten adressiert und frankiert auf meiner Kommode. Ich frage mich jeden Tag aufs neue: Soll ich ihn zum Briefkasten bringen, damit seine Frau die Wahrheit erfährt? Oder soll ich bis an mein Lebensende diesen Mann weiterlieben und dabei wissen, daß er mich genauso liebt und vermißt wie ich ihn? Unsere Liebe ist stark, obwohl sie immer im Halbdunkel einer Lüge stand, zumindest des Verschweigens der Wahrheit. Aber ich weiß nicht, ob sie noch blühen könnte, wenn das Licht der Wahrheit auf sie fällt. Doch ich will auch Gerechtigkeit und möchte die Frau dieses Mannes nicht bis an ihr Lebensende in Ungewißheit leben lassen. Andererseits will ich nicht an der Zerstörung einer Familie schuldig werden. Ich weiß einfach nicht, was ich tun soll."

Die Frau seufzte. „Täglich fällt mein Blick auf den nicht abgeschickten Brief. Meine innere Unruhe, meine Unentschlossenheit, meine Schlaflosigkeit, meine Traurigkeit, das alles macht mich krank. Bitte hilf mir!"

„Diese Frau lebt nicht in Ungewißheit", sagte ihr Freund. „Sie lebt in Unwissenheit. Wie Adam und Eva, bevor sie von der verbotenen Frucht aßen. Adam und Eva lebten glücklich im Paradies der Unwissenheit, und so leben vermutlich auch die Frau und die Tochter deines Liebsten. Warum solltest du sie von dort vertreiben? Womit haben sie das verdient? Haben sie dir etwas Böses angetan?"

„Nein, das haben sie nicht", erwiderte die Frau. „Sie wissen ja gar nichts von mir."

„Dann laß sie in ihrer Unwissenheit weiterleben! Warum willst du Schicksal spielen? Es war sicherlich hilfreich für dich, daß du diesen Brief geschrieben hast. Du warst enttäuscht, du warst verzweifelt, du warst unglücklich und vielleicht auch wütend, daß du diesen Mann nicht für dich gewinnen konntest. Du hast dir mit diesem Brief so manches von der Seele geschrieben. Aber nicht alles, sonst würdest du nicht täglich mit dem Gedanken spielen, ihn der Frau zu schicken. Du willst Gerechtigkeit, hast du gesagt. Aber etwas in dir versteht unter Gerechtigkeit, daß seine Frau und seine Tochter ebenso unglücklich sein sollen wie du. Dieses Etwas ist nicht das Beste in dir, und wenn du seiner Stimme folgst, wirst du feststellen, daß man sich nicht reinigen kann, indem man jemanden in den Schmutz stößt, für den man Liebe empfindet oder empfunden hat. Man kann sich aber damit selbst noch mehr beschmutzen."

Die Frau hatte bei diesen Worten ihren Blick zu Boden gesenkt. Jetzt hob sie den Kopf mit einem Ruck und klagte: „Es ist nur so stark und hartnäckig!"

„Daß es stark und hartnäckig ist, bedeutet nicht zwangsläufig, daß es gut und richtig ist. Du mußt es besiegen! Das kannst du am besten, indem du es konsequent ignorierst. Wenn du ihm jegliche Aufmerksamkeit entziehst, wird es schwächer und schwächer. Vergiß den Brief, er hat seinen Zweck erfüllt! Lassen wir mal die moralischen Aspekte beiseite. Fragen wir uns nicht, ob es von dir richtig war, dich auf eine Liebesaffäre mit einem Familienvater einzulassen. Wir leben in einer lieblosen Welt, was eine Katastrophe ist, denn jeder Mensch braucht Liebe. Mehr Liebe, als er bekommt. Viel mehr. Da ist es verständlich, daß die Moral ignoriert oder gebrochen wird, wenn eine Chance kommt, Liebe zu erleben. Die Kraft einer Liebe ist oft stärker als ethische Prinzipien. Du hast dich diesem Mann geöffnet, weil die Sehnsucht nach Liebe deine höchste Priorität war. Das kann man dir nicht zum Vorwurf machen. Was aus Liebe geschieht, ist nie böse und hat oft einen tieferen Sinn. Doch nun bleib auf dem Weg der Liebe und betrachte auch in Zukunft die Liebe als den hellsten Stern am Firmament deiner Entscheidungen. Bleib der Liebe treu, sie ist das Beste in dir. Willst du das?"

Die Frau nickte ohne Zögern.

„Dann beantworte mir eine Frage", bat ihr Freund. „Wäre es ein Akt der Liebe, diesen Brief abzuschicken?"

Die Frau schloß die Augen, als würde sie versuchen, in ihr Inneres zu sehen. Sie wirkte äußerlich ruhig, doch ihr Freund spürte, wie heftig sie mit sich selbst kämpfte.

Nach einer Weile traf ihr sich öffnender Blick auf die Andeutung eines Lächelns in seinem Gesicht. Und sie wußte, was sie schon gewußt hatte, bevor sie zu ihm gekommen war: daß sie ihr Gewissen nicht damit belasten würde, einen geliebten Menschen in Schwierigkeiten zu bringen. Aber jetzt würde sie dieses Wissen nicht mehr verdrängen, nicht mehr verleugnen können. Jetzt hatte es eine Stärke gewonnen, die es nicht mehr verlieren würde.

Sie zog einen prallen, länglichen Brief aus ihrer Handtasche und legte ihn auf den Tisch.

„Würdest du diesen Brief für mich ins Kaminfeuer werfen?"

„Warum sollte ich das?" war die Antwort des Freundes.

„Weil ich es nicht schaffe", sagte die Frau. „Du hast mir bis hierhin geholfen. Jetzt hilf mir, auch noch den letzten Schritt zu gehen."

„Laß es uns gemeinsam tun, wie wir gemeinsam dieses Gespräch geführt haben", schlug er vor, nahm den Brief vom Tisch und legte ihn seiner Freundin auf die offene Hand. Dann nahm er sie beim Handgelenk, führte es auf den offenen Kamin zu und gab ihm einen Stoß.

Die Frau sah den Brief direkt ins Feuer segeln. Erleichtert beobachtete sie, wie er in Flammen aufging.

Ein großes Glück

Ein Mann, der die Fünfzig überschritten hatte, klagte seinem Vater, daß es in seinem Leben nur einen einzigen Menschen gab, der sich als wahrer Freund erwiesen hatte. Während ein Dutzend andere den Ansprüchen nicht genügt hatten, die er an einen Freund stellte.

„Welche Ansprüche sind das?" fragte sein Vater.

„Geschlecht, Alter, Hautfarbe, Religion, Bildung, sozialer Status – all diese Äußerlichkeiten sind mir völlig einerlei."

„Das beantwortet meine Frage nicht."

„Ich kann sie nicht beantworten", sagte der Mann, nachdem er eine Weile überlegt hatte. „Ich habe keine festen Ansprüche. Erst ist es ein Gefühl, eine Ahnung, und mit den Jahren wird es eine Gewißheit, daß ein Mensch wirklich ein Freund ist. Wie gesagt, es gibt nur einen Menschen in meinem Leben, den ich mit gutem Gewissen und voller Überzeugung meinen Freund nennen kann."

„Dann verstehe ich nicht, warum du ein so trauriges Gesicht machst", sagte der Vater.

„Warum sollte ich ein frohes Gesicht machen?" fragte sein Sohn zurück.

„Weil du das große Glück hast, einen wahren Freund zu haben. Wahre Liebe ist schon etwas sehr Seltenes, aber wahre Freundschaft ist noch seltener."

Gedichte
und
Gedanken

Undenkbar

Wenn du sagst,
was ich denke,
und ich denke,
was du sagst,

denke ich,
daß wir nur
zu schweigen brauchen,
um uns zu sagen,
was undenkbar ist.

Dann erst

Manchmal wird dir
erst dann bewußt,
daß du etwas vermißt hast,
wenn dir jemand begegnet,
der es dir schenkt.

Schöne Gewißheit

Es ist so schön,
daß ich mich nicht
in dir getäuscht habe,
daß meine Gefühle keine Illusionen,
meine Intuitionen keine Phantasien,
meine Hoffnungen keine Irrtümer waren.

Es ist so schön zu wissen,
daß ich von Anfang an
richtig daran getan habe,
an dich zu glauben.

Warum ich dir vertraue

Ich fühl mich wohl in deiner Nähe
und könnte dafür gute Gründe finden:
deine Ehrlichkeit und Loyalität,
deine Gewissenhaftigkeit und deinen Humor,
deine Hilfsbereitschaft und Offenheit,
um nur ein paar Beispiele zu nennen.

Doch ich spreche von dir als meinem Freund,
weil ich dir rückhaltlos vertraue,
und ich vertraue dir ohne Vorbehalt,
weil du mich noch nie enttäuscht hast –
und ich mich noch nie in dir getäuscht habe.

Freundschaftswissen

Eine gute Freundschaft
kann auch einmal
ein klares Nein vertragen.

Nicht jede Bitte ist erfüllbar,
und eine gute Freundschaft
zeichnet sich dadurch aus,
daß sie dies weiß und respektiert.

Noch nicht alles

Ich habe dir noch nicht
alles über mich erzählt,
nicht die ganze Wahrheit,
doch nicht aus Geheimnistuerei.

Ich warte auf den Augenblick,
der mich dazu einlädt
und mir die Angst nimmt
vor deiner Reaktion.

Wie gern

Wie schön wäre es,
wenn du jetzt
bei mir wärst.

Wie gern würde ich
dich jetzt sehen
und deine Gegenwart spüren,
in der meine Nähe zu dir
eins wird
mit meiner Nähe zu mir.

Ursache und Wirkung

Dadurch,
daß du von Anfang an
bedingungsloses Vertrauen
in mich gesetzt hast,

ist es mir möglich geworden,
es zu rechtfertigen.

Wer ist dein Freund?

Der dich erkennt,
auch in tiefer Dunkelheit.
Der dich entwickelt,
wenn du dich verwickelt hast.
Der dich zum Lachen bringt,
wenn du zu ernst geworden bist.
Der dir Orientierung gibt,
wenn du dich verirrt hast.
Der auch mal Nein sagen darf,
wenn du ein Ja hören willst.
Der verläßlich zu dir steht,
auch wenn es drunter und drüber geht.

Der ist dein Freund

Der dir die Wahrheit sagt,
auch wenn sie unangenehm ist.
Der dich nicht ändern will,
sondern dich so nimmt, wie du bist.
Der dir lange zuhören kann,
ohne dich einmal zu unterbrechen.
Der dich nicht benutzt,
sondern dir nützen möchte.
Der es nicht nur gut mit dir meint,
sondern auch gut mit dir kann.
Der dir neuen Mut schenkt,
wenn du den alten verloren hast.
Der dich heiter stimmt,
weil er dich ernst nimmt.

Der ist dein Freund.

Von selbst

Es versteht sich
von selbst,
daß wir uns
so gut verstehen.

Es ergibt sich
von selbst,
daß wir uns
so viel geben.

Es erklärt sich
von selbst,
daß wir uns
nichts erklären müssen.

Der

Abschied

„Man sollte sich nicht einseitig orientieren, sondern die Balance zwischen den Extremen halten. Wenn du eisige Kälte und unerträgliche Hitze kennengelernt hast, wirst du feststellen, daß es sich am besten in einem milden Klima lebt. Der mittlere Weg ist der beste. Das ist eine Quintessenz meiner Lebenserfahrung." Raphael blickte eine Weile durch das Fenster ins Freie, bevor er sich wieder seinem Neffen zuwandte: „Jedes Leben hat seinen eigenen Weg, und du mußt deinen finden. Er wird sich aus deinen Erfahrungen ergeben – und aus dem, was du aus ihnen machst."

Leon sah seinem Onkel länger in die Augen. Raphael war ihm schon seit seiner Kindheit seelisch näher als sein Vater gewesen, der Pragmatiker, der als bekannter Architekt ein erfolgreicher Planer und Organisator war, und für den das Wort Seele in die Zuständigkeit von Psychologen und Psychotherapeuten fiel. Dem es immer darauf angekommen war, Geld, Besitz und Sozialprestige zu gewinnen und zu vermehren, im Gegensatz zu Raphael, der das Naturell eines Künstlers hatte, dem das Materielle nicht allzu viel bedeutete. Er war Musiker, der seinen Lebensunterhalt als Klavierlehrer an einer privaten Musikschule verdient hatte. Im letzten Jahr war er in Rente gegangen.

„Du solltest deine Erfahrungen ohne Vorbehalte, ohne Angst, ohne Berechnung machen", setzte Raphael seinen Gedankengang fort. „Öffne dich Menschen, die dich emotional anziehen, die dich seelisch berühren. Verschlossen und voller Skepsis kann niemand sein wahres Wesen entdecken. Suche Begegnungen, suche Austausch, und geh, nein, lauf zur Tür, wenn die Liebe anklopft. Sie ist die größte Offenbarung des Lebens. Kein Preis, den du letztlich dafür zahlen mußt, ist zu hoch für die Erfahrung der Liebe."

„Diese Erfahrung habe ich noch nicht gemacht. Ich war ein paarmal verliebt, aber das ist wohl etwas anderes."

„Ja, das ist es. Aus Verliebtheit kann zwar Liebe werden, aber oft bleibt sie nur eine kurzfristige, von Illusionen durchsetzte Schwärmerei. Du bist erst achtzehn, du hast noch viel Zeit. In deinem neuen Lebensabschnitt wirst du die Liebe kennenlernen, da bin ich mir ganz sicher."

„Und was ist mit der Freundschaft?" fragte Leon. „Ich kenne ein paar Leute, mit denen ich ab und zu gern zusammen bin. Aber Freunde würde ich sie nicht nennen. Ist das bedenklich?"

„Überhaupt nicht. Auch die Freundschaft wirst du eines Tages entdecken. Echte Freundschaft ist etwas Großes, Wunderbares. So wie wahre Liebe."

„Wo liegt der Unterschied zwischen beiden?"

Raphael schmunzelte. „Die Freundschaft ist etwas leichter zu beschreiben als die Liebe."

„Und wie würdest du Freundschaft beschreiben?"

„Das Leben ist ein langer Weg, der manchmal einsam werden kann. Da ist es gut, einen Menschen an deiner Seite zu haben, der mit dir durch dick und dünn geht, der alles gern mit dir teilt, die Freude und das Glück, die Sorgen und das Leid. Einen Menschen, der dir ohne Zögern hilft, wie er sich selbst helfen würde, der dich als einen Teil seines eigenen Lebens empfindet. Dem du vertrauen kannst ohne Bedenken. Auf den du dich verlassen kannst bei jedem seelischen Wetter, auf jedem Schritt des Weges. Ein solcher

Mensch ist dein Freund. Einer, der dich nicht im Stich läßt, auch wenn es für ihn schwierig oder gefährlich wird."

„Es muß schön sein, einen solchen Menschen zu kennen."

Raphael nickte. „Es ist schön. Der Gipfel der Schönheit ist erreicht, wenn du einen Freund hast, den du auch liebst. Wenn du Liebe und Freundschaft für ein und denselben Menschen empfindest, der dasselbe für dich empfindet."

„Ist Liebe denn nicht immer auch Freundschaft?"

„Manchmal schon, oft aber nicht. Liebende haben starke Gefühle füreinander, verhalten sich aber nicht immer wie Freunde. Sie können sehr egoistisch, eifersüchtig, verletzend und unzuverlässig sein. Freunde sind zuverlässig und loyal, laufen aber Gefahr, nicht liebevoll, nicht gefühlvoll genug miteinander umzugehen. Liebe, die zugleich Freundschaft ist, das ist die höchste Form einer zwischenmenschlichen Beziehung. Wer sie erlebt hat, der hat gelebt."

„Eine Beziehung, wie du sie mit Maria hast?"

„Ja. Und das schon über zwanzig Jahre lang. Ich hoffe, es kommen nochmal so viele dazu."

Eine Weile sagte keiner der beiden ein Wort.

„Du wirst auf deiner Lebensreise auch Menschen begegnen, die dich benutzen wollen", nahm Raphael den Gesprächsfaden wieder auf. „Menschen, für die du irgendeinen Zweck erfüllen sollst. Du hast einen feinen Instinkt. Deshalb wirst du solche Personen früher oder später durchschauen, auch wenn sie geschickt darin sein können, ihre wahren Absichten zu verbergen. Laß dich vor keinen Karren spannen. Und laß dir von keinem Menschen sagen, wie du leben sollst. Das weiß nur deine Seele, deine innere Stimme."

„Manchmal habe ich das Gefühl, daß meine Seele wie eine Blumenknospe ist. Ich spüre sie, aber ich kann die Gestalt ihrer Blüte nicht einmal erahnen. Auch nicht die Farbe. Und ich weiß nicht, wie sie duftet – und ob sie duftet."

„Leon, ich glaube, du bist ein Spätentwickler. Die Seelenknospe anderer in deinem Alter hat sich schon geöffnet. Bei dir dauert es ein bißchen länger. Doch dann wirst du eines schönen Tages überrascht sein von der Ausstrahlung, der Schönheit und dem Duft deiner Seelenblüte. Und du wirst sehen, wer du bist, und in welche Richtung du in deinem Leben gehen mußt."

„Glaubst du das?"

„Ich bin mir sicher. Du wirst mit deiner freundlichen, gewinnenden Art Menschen anziehen, die sich in dich verlieben. Dabei wirst du herausfinden, daß es wenig bedeutet, begehrt zu werden, wenn du dieses Begehren nicht erwidern kannst. Man sagt ja, daß einer immer mehr liebt als der andere. Ich mag diese Verallgemeinerung nicht, denn es gibt Beziehungen, in denen einer den anderen genau so sehr liebt, wie er von ihm geliebt wird. Beziehungen, die sich in einem Gleichgewicht entwickeln, das ihnen ein langes Leben schenkt. Ungleichgewichtige Lieben sind immer zur Kurzfristigkeit verurteilt."

„Die Gespräche mit dir werden mir fehlen", gestand Leon seinem Onkel.

„Wir können immer telephonieren, wenn uns danach ist."

„Telephonieren ist nicht dasselbe."

„Aber besser als nichts. Und in den Semesterferien wirst du bestimmt auch mal in unsere kleine Stadt zurückkommen. Obwohl ich dir empfehlen würde, deine Ferien zu nutzen, um dich in der Welt umzusehen. Auf Reisen ist man besonders offen, und Offenheit führt zu den Erfahrungen, die deine Seele braucht, um ihre Knospe zu öffnen. Erfahrungen, die ihr Sonnenschein und ein laues Lüftchen bringen, aber auch Regen und Sturm. Deine Seelenknospe braucht alle Arten von Wetter. Und wenn die Zeit reif ist, wird sie sich öffnen. Alles kommt zu seiner Zeit."

„Das heißt, ich muß nichts dafür tun?"

„Das heißt nur, daß du nicht versuchen sollst, es zu erzwingen. Gib dir Mühe, aber gib dir nicht zu viel Mühe. Finde den Mittelweg zwischen Handeln und Geschehenlassen. Finde in allen Angelegenheiten deines Lebens den Mittelweg, er ist die Synthese der Extreme. Und Synthesen sind gut, weil sie die Elemente der Extreme in sich vereinigen. Mildes Wetter enthält Hitze und Frost, es vereint Heiß und Kalt, es versöhnt die Gegensätze miteinander."

„Ich habe das Gefühl, daß ich mich heute von meinem einzigen Freund verabschieden muß", sagte Leon nach einer Weile des Schweigens. „Du wirst mir fehlen. Ich werde Fragen haben, und du wirst nicht da sein, um sie zu beantworten. Und ich kann nicht eben mal schnell sechshundert Kilometer fahren, wenn ich dich sehen möchte. Und mit dem Flugzeug geht es auch nicht viel schneller."

„Du wirst mir auch fehlen, Leon. Und was die Fragen betrifft: Du wirst lernen, sie dir selbst zu beantworten. Dein bester Ratgeber bist letztlich du selbst. In deiner Seele liegen die Antworten auf alle Fragen, die dir je in den Sinn kommen werden. Sie sind alle schon da. Du wirst ein paar Steine wenden, ein paar Löcher graben müssen, und dann wirst du sie finden. Und das ist notwendig, denn nur so wächst Selbstvertrauen – das Vertrauen in dich selbst. In deine Fähigkeit, deinem Leben die bestmögliche Richtung und den höchstmöglichen Sinn zu geben. Und du wirst sehen: Wenn du echtes Selbstvertrauen ausstrahlst, werden andere Menschen dir vertrauen."

„Du meinst wirklich, daß ich alle Antworten auf die Fragen finden werde, die sich mir stellen?"

„Nein, wohl nicht alle. Auf manche Fragen gibt es keine Antworten. Das Leben hat seine Geheimnisse – und die bewahrt es sehr gut. Aber du wirst Antworten auf die Fragen finden, wie du dein Leben am besten gestalten sollst. Je besser du dich selbst kennenlernst, desto klarer werden die Antworten ausfallen. Du hast Swing, der dir auf deinem Weg eine große Hilfe sein wird. Du bist gut ausgerüstet für das Leben, und deshalb mache ich mir keine Sorgen um deine Zukunft."

„Du hast immer an mich geglaubt – im Gegensatz zu meinem Vater."

„Ach, mein kleiner Bruder ist nun mal aus einem ganz anderen Holz geschnitzt als du. Er lebt in einer anderen Welt. Wie soll er an dich glauben, wenn er dich nicht sieht? Man kann nur das in einem anderen Menschen erkennen, was man in sich selbst trägt."

Leon nickte. „Ich verstehe ihn ja auch nicht. Er arbeitet von früh bis spät, selbst an den Wochenenden, nie liest er ein gutes Buch, nie hört er Musik, nie kommt er zur Ruhe."

„Dein Vater kommt nicht zur Ruhe, weil er in der Ruhe sich selbst begegnen könnte, und diese Begegnung möchte er vermeiden. Ihr beide seid totale Gegensätze. Du möchtest dich gern finden, während er sich lieber aus dem Weg geht. Menschen können sehr unterschiedlich sein, auch in einer Familie. Jeder Mensch hat seine eigene Wirklichkeit, und Blutsverwandtschaft ist keine Garantie für Seelenverwandtschaft."

„Jeder Mensch hat seine eigene Wirklichkeit", wiederholte Leon nachdenklich. „Also gibt es keine allgemeingültigen Lebensempfehlungen?"

Raphael wiegte den Kopf. „Die gibt es für mein Empfinden schon, aber nicht jeder würde sie befolgen."

„Kannst du mir spontan ein paar der wichtigsten nennen, aus deiner Sicht?"

„Gern. Umarme das Schöne, aber klammere dich nicht daran, wenn seine Zeit vorbei ist. Feiere jeden wunderbaren Augenblick, als wäre er der letzte. Laß dich faszinieren, begeistern, und nutze jede Chance, das Liebenswerte zu lieben. Wenn du einen blühenden Baum auf deinem Lebensspaziergang siehst, bleib stehen und genieße seine Pracht. Wenn du Blumen am Wegesrand siehst, die das Lächeln der Erde sind, laß dich von ihnen zu einem Lächeln inspirieren. Nimm ihre zarte Poesie in dich auf – als ein Gegengewicht zu der harten Prosa des Weltgeschehens."

Raphael zögerte kurz, bevor er seinen Gedankengang fortsetzte. „Achte immer gut auf die Details. Das kann ein Blick sein, ein Wort, das leicht überhört wird, ein Tonfall, eine Geste. Nicht nur der Teufel steckt im Detail, auch die Wahrheit. Schau hinter die Kulissen der Menschen und der Dinge – da, wo der Schein aufhört und das Sein beginnt. Schau in die Tiefe."

„Du hast recht, diese Empfehlungen würden wirklich nicht alle Menschen befolgen. Viele bevorzugen die Oberflächlichkeit und meiden die Tiefe, als hätten sie Angst vor ihr."

„So ist es", stimmte Raphael seinem Neffen zu, „denn die Tiefe kann angst machen. Aber gegen die Angst hilft der Mut. Den hattest du immer schon, worüber ich sehr froh bin. Man braucht Mut, um die wertvollsten Erfahrungen zu machen. Die schönsten Blumen des Lebens wachsen nämlich gern am Rand eines furchterregenden Abgrunds."

„Du wirst auch Fehler machen", sagte Raphael impulsiv. „Fehler, die du dir verzeihen mußt. Jeder macht Fehler. Sie gehören zum Leben, und sie haben den Vorteil, daß man aus ihnen lernen kann. Auch wenn dieses Lernen alles andere als einfach ist. Du darfst zum Beispiel eine zwischenmenschliche Erfahrung, die du machst, nie zur Basis zukünftiger Entscheidungen machen. Eine Haltung, die einem bestimmten Menschen gegenüber völlig falsch war, kann einem anderen Menschen gegenüber genau richtig sein. Du wirst nie auslernen, solange du lebst."

„Gibt es denn keine Möglichkeit, Fehler im Vorfeld zu vermeiden?"

„Naja, gewisse Fehler kannst du schon vermeiden. Wenn du etwas begehrst, was auch immer, wenn du es unbedingt haben oder gewinnen willst, schau denjenigen Menschen ins Herz, die es gewonnen haben. Finde heraus, ob es sie glücklich oder zufrieden macht, bevor du Kraft und Zeit investierst, um es zu erlangen."

Leon ließ die Worte seines Onkels eine Weile auf sich wirken, bevor er ihn fragte: „Was ist der beste Rat, den du mir auf meinen Weg mitgeben kannst?"

Raphael dachte kurz nach. „Es gibt keinen besten Rat, Leon. Aber ein sehr guter ist sicherlich die Empfehlung, intensiv zu leben. Lebensintensität ist gerade für einen jungen Menschen wichtig, denn intensive Erlebnisse haben Kraft und Bedeutung, sie erreichen Herz und Seele. Und die wichtigsten Einsichten und Wahrheiten findest du mit dem Herzen und der Seele, nicht mit dem Verstand. In deiner Seele geschehen die wesentlichen Weichenstellungen für die Zugfahrt deines Lebens, nicht in deinem Kopf. Und wie gesagt: Suche das richtige Maß. Vielleicht wird es dir so ergehen wie mir, und du mußt erst in die Extreme gehen, um herauszufinden, wie wichtig es ist, das richtige Maß in allen Dingen zu finden. Das Gleichgewicht zwischen Emotion und Vernunft, zwischen Spontaneität und Überlegung, zwischen Ernst und Heiterkeit, zwischen Veränderung und Treue zu dir selbst."

„Ich hoffe, ich finde auch die wahre Liebe."

„Du wirst sie finden! Und wenn du sie erlebst, genügt ein Jahr mit dem geliebten Menschen, um zu wissen: Ich habe geblüht, ich habe ein erfülltes Leben gehabt, ich kann ohne das Gefühl sterben, das Wichtigste versäumt zu haben. Ein Jahr der echten Liebe kann ein ganzes Leben erleuchten, beseelen, mit Glück und Dankbarkeit erfüllen. Als die Liebe zwischen Maria und mir etwa ein Jahr jung war, sagte Maria einmal zu ihrer Schwester, daß sie nun getrost sterben könne. Ihre Schwester hat sie überhaupt nicht verstanden, sie war schockiert. Da siehst du es wieder: Du verstehst bei einem anderen immer nur das, was du selbst erfahren hast, was du in dir selbst hast. Nicht zuletzt deshalb gibt es so viele Mißverständnisse zwischen den Menschen; weil jeder in seiner eigenen Erfahrungswelt lebt, im Land seiner eigenen Persönlichkeit."

Raphael schaute aus dem Fenster auf das Balkongeländer, wo sich eine Amsel niedergelassen hatte, um gleich wieder fortzufliegen.

„Wenn du zurückblickst auf dein Leben, was war für dich das Wichtigste?"

„Konkret: die Begegnung mit Maria. Abstrakt: die Liebe, die Freundschaft und die Freude", antwortete Raphael ohne Zögern. „Wenn ich liebevoll und freudvoll war, fühlte ich mich gut und glücklich. Freundschaft und Liebe schenken dir so viel, daß du nicht auf den Gedanken kommst, nach dem Sinn des Lebens zu fragen. Denn du lebst ihn. Wer ein lächelndes Lebensgefühl hat, braucht keine Philosophie. Es ist nichts Egoistisches dabei, denn wenn du

Liebe und Freundschaft in dir hast, strahlst du das auch aus. Und alle halbwegs offenen Menschen, die mit dir in Kontakt kommen, spüren es, und es wirkt sich auch positiv auf sie aus. Das ist das Gute am Guten: Es ist ansteckend."

„Das ist aber auch das Schlechte am Schlechten", hielt Leon entgegen.

„Ja, leider", stimmte Raphael ihm zu. „Wir müssen mit dem Schlechten und seiner Infektiosität leben. Das Leben und der Mensch haben ihre dunklen Seiten, sie sind alles andere als vollkommen. Aber es gibt vollkommene Momente, perfekte Minuten oder Stunden, die den schönsten Traum übertreffen können. Sie können dich im Innersten beglücken und das Beste in dir hervorbringen. Ich wünsche dir von ganzen Herzen, daß du solche Augenblicke erleben wirst, in denen die Zeit und die Gedanken stillstehen, in denen du eins wirst mit dir und dem Leben und Antworten auf Fragen findest, die du nicht einmal zu stellen gewagt hättest."

„Hast du solche Augenblicke oft erlebt?"

„Nicht so oft. Aber oft genug. Immer dann, wenn ich liebte, wenn eine Atmosphäre tiefer, vertrauensvoller Liebe mich verzauberte. Es ist eine Frage des Vertrauens ins Leben und der Hingabe an die Liebe. Je mehr du dich ihr hingibst, desto mehr gibt sie dir. Ängstliche, mißtrauische Menschen werden nie die Pracht und Magie tiefer Liebe erleben."

„Aber sie werden auch nie tiefe Enttäuschungen und Verletzungen erfahren", gab Leon zu bedenken.

„Nein, das werden sie nicht. Aber wenn sie alt geworden sind und in einem Moment der Wahrheit auf ihre Vergangenheit zurückblicken, werden sie sich eingestehen müssen, daß sie nicht wirklich gelebt haben, weil sie nicht mutig genug gewesen sind. Und das ist eine der bittersten Erkenntnisse, die ein Mensch haben kann. Du mußt dir die grundsätzliche Frage stellen: Willst du vorsichtig oder mutig leben?"

„Gibt es da nicht auch einen Mittelweg, ein richtiges Maß?" Raphael lachte. „In diesem Fall gibt es das nicht. Du kannst nicht mit vorsichtigem Mut leben oder mit mutiger Vorsicht. Aber du kannst mit Intuition und Sensibilität die Menschen erkennen, denen du dich öffnen kannst – und die, bei denen du besser vorsichtig sein solltest. Menschen verraten ungewollt und meistens auch schnell, wie vertrauenswürdig sie sind. Sie senden unbewußt Signale aus, die du nur empfangen und richtig deuten mußt. Damit kannst du manchen Verletzungen und Enttäuschungen aus dem Weg gehen. Aber hundertprozentige Sicherheit gibt es nicht, weder in der Liebe, noch in der Freundschaft. Nichts im Leben ist sicher, schon gar nicht das Wertvollste."

„Aber das Wertvollste ist nicht für alle Menschen das gleiche."

„Ganz bestimmt nicht, Leon. Das muß jeder für sich selbst herausfinden. Für mich ist das Wertvollste, dem Leben mit Liebe zu begegnen, mit Offenheit und Wertschätzung, mit Feingefühl. Und mit der Courage, mich auf Vielversprechendes einzulassen, auch wenn manches nicht hält, was es verspricht. Und wie gesagt: Freude, Lebensfreude ist mir sehr wichtig, weil sie in enger Verbindung mit der Liebe steht. Denn je mehr du liebst, desto mehr Freude am Leben hast du. Und die Lebensfreude wiederum stärkt deine Liebesfähigkeit. Freudlose Menschen sind in der Regel schlechte Liebende, schlechte Freunde."

„Du warst mir immer ein guter Freund, Raphael."

„Das war ich? Na na, du redest so, als würde unsere Freundschaft hier und heute enden. Aber sie wird weitergehen. Du wirst sie mitnehmen in dein Studentenleben. Und ich werde sie hier bewahren." Raphael legte die Hand auf sein Herz. „Unsere Freundschaft tritt nur in eine neue Phase ein."

Leon seufzte und stand auf. „Aber es ist schon ein Abschied. Ich gehe jetzt, und dann werden wir uns wohl erstmal einige Monate lang nicht sehen. Es ist schon ein Schnitt. Wir lassen etwas hinter uns zurück."

„So ist das halt, man läßt jeden Abend einen weiteren Tag hinter sich zurück. Aber was uns betrifft: Einerseits ist es ein Abschied, andererseits ist es keiner."

„Das mußt du mir erklären", bat Leon.

Raphael stand auf und legte ihm mit einem Lächeln die Hände auf die Schultern. „Weil echte Freundschaft keinen Abschied kennt."

Als Raphael am Fenster stand und beobachtete, wie Leon zu seinem in der Nähe geparkten Auto ging, übermannte ihn die Traurigkeit, die er ihm nicht hatte zeigen wollen.

Hans Kruppa ist einer der meistgelesenen deutschen Dichter und Aphoristiker. Er lebt als freier Schriftsteller in Bremen. Seine Gedichte und Märchen, Erzählungen und Romane, Aphorismen und Kurzgeschichten hat er in mehr als hundert Büchern mit einer Gesamtauflage von über zwei Millionen veröffentlicht. Einige seiner Bücher wurden in andere Sprachen übersetzt. Für sein schriftstellerisches Werk wurde Hans Kruppa mit dem New Yorker Otto-Mainzer-Preis ausgezeichnet.

Mehr Informationen: **www.hans-kruppa.de**